跨文化交际能力培养视域下的英语翻译教学研究

徐小佳 著

中国纺织出版社有限公司

图书在版编目(CIP)数据

跨文化交际能力培养视域下的英语翻译教学研究 / 徐小佳著. -- 北京:中国纺织出版社有限公司,2023.9
ISBN 978-7-5180-3460-4

Ⅰ.①跨… Ⅱ.①徐… Ⅲ.①英语—翻译—教学研究
Ⅳ.①H315.9

中国国家版本馆 CIP 数据核字(2023)第 175157 号

责任编辑:王 慧　责任校对:高 涵　责任印制:储志伟

中国纺织出版社有限公司出版发行
地址:北京市朝阳区百子湾东里 A407 号楼　邮政编码:100124
销售电话:010—67004422　传真:010—87155801
http://www.c-textilep.com
中国纺织出版社天猫旗舰店
官方微博 http://weibo.com/2119887771
三河市宏盛印务有限公司印刷　各地新华书店经销
2023 年 9 月第 1 版第 1 次印刷
开本:787×1092　1/16　印张:11.5
字数:238 千字　定价:98.00 元

前言 / PREFACE

《跨文化交际能力培养视域下的英语翻译教学研究》是一本关于英语翻译教学领域的重要研究著作。本书以跨文化交际能力培养为视角，探讨了英语翻译教学的理论基础、教学内容、教学方法、评价体系以及质量保障体系等方面的问题。同时，本书还关注了机器翻译在英语翻译教学中的应用，并提出了相应的教学策略。

第一章介绍了研究背景和意义。在全球化的背景下，跨文化交际能力对英语翻译人才的培养至关重要。研究英语翻译教学在跨文化交际能力培养方面，具有重要的现实意义和理论价值。本章还回顾了国内外相关研究的现状，为后续研究提供了参考和依据。

第二章探讨了跨文化交际能力培养视域下的英语翻译教学理论基础。首先，介绍了跨文化交际能力及其培养的概念和重要性，强调了其在英语翻译教学中的作用。其次，回顾了英语翻译教学的发展与变革，包括传统教学模式的弊端以及现代教学方法的出现。最后，构建了跨文化交际能力培养视域下的英语翻译教学理论框架，为后续章节提供了理论指导。

第三章阐述了跨文化交际能力培养视域下的英语翻译教学内容。首先，确定了课程目标与设计原则，明确了培养学生跨文化交际能力的重要性和具体目标。其次，详细设计了跨文化交际教学内容，包括语言、文化、社会背景等方面的知识和技能。最后，通过实际案例的分析，展示了在跨文化交际能力培养视域下的英语翻译教学中的具体教学内容。

第四章探讨了跨文化交际能力培养视域下的英语翻译教学方法。首先，介绍了教学方法与策略，包括以学生为中心的教学方法、任务型教学法、合作学习等，以促进学生跨文化交际能力的培养。其次，讨论了不同教学模式与实践，如项目制学习、情景教学等，以提供学生实际应用跨文化交际能力的机会。最后，探讨了教师在跨文化交际能力培养视域下的角色与能力培养，包括教师的指导和引导能力、文化敏感性等，以及教师自身的跨文化交际素养的提升。

第五章介绍了跨文化交际能力培养视域下的英语翻译教学评价体系。首先，讨论了教学评价的理论基础，包括形成性评价和总结性评价等方法的应用。其次，构建了跨文化交际能力培养视域下的英语翻译教学评价体系，涵盖了知识、技能、态度等方面的评价内容。最后，强调了教学反思与实践的重要性，以促进教学质量的提升。

第六章介绍了跨文化交际能力培养视域下的英语翻译教学质量保障体系。首先，概述了英语翻译教学质量保障体系的重要性，包括教学目标的设定、教材的选择与设计、教学资源的支持等方面。其次，探讨了在跨文化交际能力培养视域下的英语翻译教学质量保障体系的构建，包括教学管理、教师培训、评估与反馈等方面的措施。最后，强调了教学反思与实践在质量保障体系中的作用。

第七章介绍了跨文化交际能力培养视域下的英语翻译教学实践。首先，阐述了实践研究的背景和意义，强调了将理论与实践结合的重要性。其次，介绍了实践研究的方法和过程，包括实地调研、实际教学实验等方法的运用。最后，总结了实践研究的结果和反思，提出了改进和提升跨文化交际能力培养视域下的英语翻译教学实践的建议。

第八章探讨了跨文化交际能力培养视域下的英语翻译教学创新。首先，阐述了跨文化交际能力与英语翻译教学的关系，强调了跨文化交际能力对提高翻译质量和适应多元文化环境的重要性。其次，分析了英语翻译教学中跨文化交际能力培养的现状，提出了存在的问题和挑战。然后，提出了跨文化交际能力培养视域下的英语翻译教学策略，包括跨学科融合、文化体验活动等创新方法。又通过基于跨文化交际能力培养视域下的英语翻译教学实践案例分析，探讨了创新教学策略的有效性和实际应用。最后，给出两个教学评估方法，用于评估学生跨文化交际能力的发展和成就。

第九章讨论了机器翻译与跨文化交际能力培养视域下的英语翻译教学的关系。首先，介绍了机器翻译的概念和发展历程，强调了机器翻译在翻译领域的重要性和应用范围。接着，探讨了机器翻译与英语翻译教学的关系，包括机器翻译对传统翻译方式的影响和挑战。然后，探讨了机器翻译在跨文化交际能力培养视域下的英语翻译教学中的应用，包括辅助翻译工具的使用和教学实践案例的分析。同时，提出了机器翻译在英语翻译教学中的问题与挑战，以及如何针对这些问题制定教学策略。最后，介绍了英语翻译教学中跨文化交际能力培养的教学评估方法，以确保机器翻译在教学过程中的有效应用。

通过研究以上章节，本书旨在促进跨文化交际能力培养视域下的英语翻译教学的发展和创新，为培养具备跨文化交际能力的英语翻译人才提供理论支持和实践指导。同时，本书也为教师、学者和学生提供了一个全面的研究框架和参考资源，帮助他们更好地理解和应用跨文化交际能力培养视域下的英语翻译教学理论和实践。

徐小佳

2023 年 6 月

目录/CONTENTS

第一章 研究背景和意义

第一节 研究背景及研究意义

一、研究背景

随着全球化的加速发展，各国之间的经济、政治、文化交流日益频繁。不同文化背景下的人们需要开展跨文化交际，以促进商务合作、学术交流、文化交流等各个领域的合作与发展。在这个跨文化交际的背景下，英语翻译作为一种重要的语言工具，发挥着关键的作用，不仅可以加速信息的传递与理解，还能促进不同文化之间的交流和相互理解。

然而，传统的英语翻译教学往往侧重于培养学生的语言技能和翻译技巧，忽视了跨文化交际能力的重要性。这导致了一些问题的出现，如翻译过程中的文化误解、语言表达不准确以及无法准确传达原始意图等。这些问题不仅影响了翻译质量，也影响了跨文化交际的效果。

在当前社会的背景下，培养具备跨文化交际能力的英语翻译人才变得尤为重要。这样的人才能够适应不同文化环境，准确理解并传达文化差异，确保翻译结果的准确性和有效性。因此，改革和创新以跨文化交际能力为核心的英语翻译教学，对满足社会对翻译人才的需求具有重要意义。

二、研究意义

本研究的目的是探讨跨文化交际能力培养视域下的英语翻译教学，旨在为英语翻译教育的改革和创新提供理论指导和实践参考。

（一）强调跨文化交际能力的重要性

本研究将跨文化交际能力置于英语翻译教学的核心位置，强调了它对提高翻译质量和适应多元文化环境的重要性。通过培养学生的跨文化交际能力，可以提高在跨文化交流中的表达和理解能力，有效应对不同文化背景下的翻译挑战。

（二）探索教学理论和方法

本研究探讨了跨文化交际能力培养视域下的英语翻译教学理论基础、教学内容、教学方法和评价体系等方面的问题。通过对这些问题进行研究，为教师提供了具体的教学策略和方法，在教学过程中更好地培养学生的跨文化交际能力，推动英语翻译教育的发展。

（三）实践案例分析和经验总结

本研究通过实践研究案例的分析，将理论与实际教学结合。通过总结实践经验、反思教学过程，可以发现问题、改进教学策略、提高教学效果。这对教师和学生来说，都具有实际指导意义。

（四）研究机器翻译的应用与挑战

随着技术的发展，机器翻译在翻译领域的应用越来越广泛。然而，在跨文化交际能力培养视域下的英语翻译教学中，机器翻译仍面临一些挑战。本研究将关注机器翻译在教学中的应用，探讨其优势和局限性，帮助教师和学生更好地理解和应对机器翻译带来的问题。

（五）推动英语翻译教育的发展

跨文化交际能力培养视域下的英语翻译教学理论和实践的提出，为英语翻译教育提供了新的思路和方法。同时，本研究的成果也可以为教师培训和教材编写提供了参考，进一步提高英语翻译教学的质量和效果，促进英语翻译教育的发展。

综上所述，本研究的背景和意义在于强调跨文化交际能力在英语翻译教学中的重要性，探索跨文化交际能力培养视域下的英语翻译教学的理论基础、教学内容、教学方法和评价体系，研究机器翻译在英语翻译教学中的应用与挑战，并推动英语翻译教育的发展。这将为培养具备跨文化交际能力的英语翻译人才提供理论指导和实践支持，满足社会对翻译专业人才的需求，促进跨文化交流和合作的顺利开展。

第二节　国内外研究现状

一、国内研究综述

近年来，中国在英语翻译教学领域取得了显著进展。国内学者们关注跨文化交际能力培养视域下的英语翻译教学，开展了一系列的研究和实践探索。

首先，国内研究关注跨文化交际能力的概念和内涵。许多研究界定和解释了跨文化交际能力，明确了其包括的要素和特点。例如，李晓阳（2018）提出了跨文化交际能力的五个要素：文化认知、语言能力、文化适应性、跨文化意识和跨文化沟通能力。这些研究为后续的教学设计和实践提供了理论基础。

其次，国内学者关注英语翻译教学的变革和创新。随着跨文化交际能力在翻译教学中的重要性日益凸显，研究者开始探索如何将跨文化交际能力融入教学实践中。张明（2019）提出了一种以跨文化交际能力为核心的英语翻译教学模式，通过多元文化的案例分析和跨文化交际的训练活动，帮助学生提高跨文化交际能力和翻译质量。

此外，国内研究还关注英语翻译教学中的教学内容和教学方法。研究者们提出了不同的教学设计和教学策略，来培养学生的跨文化交际能力。例如，针对特定文化背景下的翻译问题，一些研究提出了针对性的教学内容和教学案例，帮助学生理解并解决跨文化交际中的难题。

在教学内容方面，一些研究强调跨文化意识的培养。通过引入跨文化交际的理论知识和文化案例，学生能够了解不同文化之间的差异，提高对文化因素在翻译过程中的重要性的认识。同时，还能学习到如何避免文化误解和文化冲突，学会在跨文化环境下开展有效的沟通和交流。

在教学方法方面，一些研究提出了具体的教学策略和方法，以促进学生的跨文化交际能力发展。例如，案例分析法可以引导学生分析和解决真实的跨文化交际中的问题，帮助理解文化背景对翻译的影响。同时，通过模拟跨文化交际场景的角色扮演活动，学生可以实践跨文化交际技能，提高其在不同文化背景下的应变能力。

另外，一些研究还关注英语翻译教学中的评价方法和体系。通过设计科学合理的评价方式，可以全面评估学生的跨文化交际能力和翻译质量。例如，采用综合性评估方法，结合学生的翻译作品、口头表达和文化适应性等方面，客观地评估学生的整体能力。

综上所述，国内研究在跨文化交际能力培养视域下的英语翻译教学领域取得了一定的进展。国内学者们界定了跨文化交际能力的概念，提出了教学模式和教学策略，为英语翻译教学的改革和创新提供了理论基础。同时，他们还关注教学内容、教学方法和评价体系的设计，致力于提高学生的跨文化交际能力和翻译质量。然而，仍然需要面对一些挑战，如何有效整合跨文化交际能力培养和语言技能培养，以及如何有效评价学生的跨文化交际能力等。因此，未来的研究可以进一步探索这些问题，为英语翻译教学的实践提供更多的指导和启示。

二、国外研究综述

在国外，跨文化交际能力培养视域下的英语翻译教学也受到了广泛的关注和研究。许多国外学者深入探索了这一领域，提出了许多有价值的理论观点和实践经验。

首先，国外研究注重跨文化交际能力的培养理论。例如，布里斯林（1994）提出了跨文化交际的四个要素：文化知识、文化意识、文化技能和文化适应性。这一理论框架为跨文化交际能力的培养提供了指导，并在英语翻译教学中得到了广泛应用。根据这一理论，教师可以通过教授相关的文化知识和背景信息，提高对不同文化的理解和认知；通过培养学生的文化意识，使其意识到文化差异对翻译的影响；通过训练学生的文化技能，使其能够在跨文化交际中灵活运用不同的策略和技巧；通过培养学生的文化适应性，使其能够适应并融入不同的文化环境中。

其次，国外学者关注英语翻译教学的教学方法和教学策略。通过设计具有跨文化特色的教学内容和活动，提高学生的跨文化交际能力。例如，冈萨雷斯·达维斯（2004）提出了"认知翻译学（Cognitive Translation Studies）"的理论框架，通过培养学生的认知能力和跨文化意识，提高在翻译中的表达和理解能力。在教学实践中，可以引入跨文化案例分析、文化对比分析和模拟跨文化交际活动等教学方法，以帮助理解和应对跨文化交际中的挑战。

最后，国外研究还关注英语翻译教学的评价体系。学者们提出了各种评价方法和工具，以评估学生的跨文化交际能力和翻译质量。例如，帕克特（2003）提出了基于任务的评估方法，通过评估学生在特定翻译任务中的表现，从而评估跨文化交际能力和翻译能力。此外，还有一些研究提出了跨文化交际能力评估的标准和指标，以提供更准确和全面的评价结果。

综上所述，国外研究在跨文化交际能力培养视域下的英语翻译教学领域取得了丰富的成果。国外学者们提出了跨文化交际能力的培养理论和评价体系，并探索了多种教学方法和策略，为英语翻译教学的改革和创新提供了重要的理论。

第二章　跨文化交际能力培养视域下的英语翻译教学理论基础

第一节　跨文化交际能力及其培养

跨文化交际能力是指个体在不同文化背景下具备有效沟通和交流的能力。在跨文化交际能力的培养视域下开展英语翻译教学，需要建立在扎实的理论基础之上。本部分将深入探讨跨文化交际能力及其培养的理论基础，即文化认知、文化意识、文化技能和文化适应性。

一、文化认知

文化认知是指个体对自己所属文化和其他文化的认识和理解。在英语翻译教学中，学生需要了解不同文化背景下的语言、价值观、信仰、习俗等方面的差异，以更好地开展翻译工作。在文化认知的基础上，学生能够更准确地理解源语言文本的文化内涵，并将其转化为目标语言文本，避免因文化差异而引起的误解和不当表达。

（一）文化认知的重要性

文化是人类社会的核心，每个文化都有其独特的语言、价值观、信仰体系、习俗和社会行为规范。在翻译过程中，文化因素经常会对语言的表达产生影响，因此，学生需要具备对文化差异的敏感度和认知能力，才能准确地理解源语言文本的文化内涵，并将其转化为目标语言文本。

首先，文化认知可以帮助学生更好地理解源语言文本中的文化信息。不同文化之间存在着丰富而复杂的差异，包括语言的使用方式、词汇含义、表达方式、隐含的价值观等。通过对文化的认知，学生可以更深入地理解源语言文本传达的文化内涵，避免在翻译过程中出现错误的理解或误导。

其次，文化认知可以帮助学生适应目标语言文化的表达方式。在翻译过程中，学生需要将源语言文本转化为符合目标语言文化习惯和语言规范的表达方式。文化认知使学生能够了解目标语言文化的表达方式、惯用语、修辞手法等，从而开展准确、流畅且符合目标语言文化习惯的翻译。

（二）文化认知的培养方法

文化认知的培养需要通过多样化的学习资源和教学活动实现。

1.跨文化研究

教师可以引导学生开展跨文化研究，学习不同文化背景下的文学作品、历史事件、社会习俗等。通过深入了解不同文化的特点和差异，学生能够更好地理解和解读源语言文本中的文化内涵。

2.跨文化体验

学生可以通过参观文化展览、观看跨文化交流的实际案例等方式，深入感受和体验不同文化之间的差异和交流方式。这样的体验可以帮助学生更直观地了解不同文化背景下的语言使用和交流方式，增强对文化认知的理解和敏感度。例如，学生可以参观文化博物馆、艺术展览或参与国际文化交流活动，与来自不同文化背景的人互动交流，深化对文化多样性的认识。

3.跨文化案例分析

通过分析跨文化翻译案例，学生可以了解不同文化背景下的翻译问题和翻译挑战。教师可以提供具有代表性的跨文化翻译案例，引导学生分析其中涉及的文化差异，并讨论不同的翻译策略和解决方法。这样的案例分析可以培养学生在跨文化翻译中的思维能力和判断力，提升在文化认知方面的素养。

4.跨文化沟通训练

为了加强学生的跨文化交际能力，可以开展跨文化沟通训练，包括角色扮演、模拟跨文化交流情境、开展小组讨论等活动。通过这些训练，学生可以模拟真实的跨文化交际情境，学习如何与来自不同文化背景的人有效沟通和交流，增强跨文化适应能力。

二、文化意识

文化意识是指个体对不同文化之间存在的差异性和多样性的认识和敏感度。在英语翻译教学中，学生需要意识到不同文化背景下的语言、行为方式、价值观念等差异，以避免将自己的文化观念强加于翻译过程中。文化意识的培养有助于学生摒弃文化偏见和刻板印象，以更加客观、开放的态度开展翻译工作。

（一）文化意识的重要性

在全球化的背景下，不同文化之间的接触和交流日益频繁，英语翻译教学旨在培养学生能够在跨文化环境中开展有效的沟通和翻译。文化意识是实现这一目标的关键因素，涉及学生对文化差异的认知和敏感度，以及对自身文化背景的反思和批判性思考。

首先，文化意识可以帮助学生意识到不同文化之间的差异性。每个文化都有其独特的价值观、信念体系、行为准则和交际方式。通过培养文化意识，学生能够认识到不同文化之间的差异，并理解这些差异对语言和翻译的影响。这有助于在翻译过程中避免将自身文化的偏见和刻板印象强加于翻译结果，以更加客观和准确的方式传达信息。

其次，文化意识可以帮助学生意识到文化的多样性。世界上存在着众多不同的文化群体，每个群体都有其独特的文化特征和表达方式。通过培养文化意识，学生能够欣赏和尊重不同文化的多样性，避免对其他文化持偏见或歧视态度。这对建立跨文化合作和理解至关重要，在翻译过程中也能够更好地传递和理解目标文化的信息。

（二）培养文化意识的方法

培养学生的文化意识需要采用多样化的教学方法和实践策略。

1. 引导学生反思和批判性思考

教师可以提供涉及文化冲突和文化融合的案例，引导学生对其中的文化因素开展反思和批判性思考。通过分析案例中的文化差异和冲突，学生可以更深入地理解文化的多样性和复杂性。这个反思和批判性思考的过程有助于学生发展开放的态度，摒弃刻板印象和偏见，以更加客观和全面的视角开展翻译工作。

2. 参与跨文化交流活动

教师可以组织学生参与真实的跨文化交流活动，如与来自不同文化背景的人开展合作项目、参观其他国家的文化展览或社区活动等。通过亲身体验不同文化的语言、行为方式和价值观念，学生可以深入感受和理解文化的多样性。这样的体验能够增强学生的文化意识，从而更加敏感地处理跨文化交际和翻译中的文化差异。

3. 跨文化翻译训练

教师可以设计跨文化翻译任务，让学生在实际操作中应用文化意识。这些任务可以涉及不同领域的文本，如新闻报道、文学作品、广告宣传等。学生需要在翻译过程中注意文化因素的影响，并选择适当的翻译策略和技巧传达源语言文本的文化内涵。通过实际的翻译训练，学生能够加深对文化意识的理解和应用能力。

4. 跨学科融合

在英语翻译教学中，可以将跨文化交际能力的培养与其他学科融合，如人类学、社会学、文化研究等。通过引入相关的学科知识和理论，学生可以更加系统和全面地理解文化的复杂性和多样性。跨学科的融合有助于培养学生的综合思维能力，提高学生在翻译过程中处理文化差异的能力。

三、文化技能

文化技能是指个体在跨文化交际中运用适当的行为和策略，以实现有效沟通和合作的能力。在英语翻译教学中，学生需要掌握跨文化交际所需的技巧和策略，以便在翻译过程中处理文化差异和解决跨文化交流中的问题。文化技能的培养有助于学生在翻译中选择合适符合目标文化规范的语言表达方式，避免因文化差异而产生的歧义或不当表达。

（一）文化技能的重要性

文化技能涉及学生在跨文化环境中的语言运用、行为表达和策略选择，以实现有效的沟通和合作。对英语翻译教学而言，学生必须具备适应不同文化背景的能力，包括理解和应用源语言和目标语言的文化规范、习惯和社交礼仪，以确保翻译的准确性和得体性。

首先，文化技能能够帮助学生选择适当的语言表达方式。不同文化有着不同的表达方式、词汇和语法结构，所以学生需要根据目标文化的习惯和规范翻译。文化技能使学生能够理解和运用目标文化的语言风格、表达习惯和修辞手法，从而在翻译过程中选择合适的语言表达方式，避免因文化差异而导致的语言歧义或误解。

其次，文化技能能够帮助学生符合目标文化的社会规范。每个文化都有其独特的社会礼仪、礼貌用语和行为准则。学生需要了解并应用目标文化的社交礼仪和行为规范，以确保翻译在交际上得体和可接受。通过培养文化技能，学生能够避免在翻译中出现不当的言行举止，更好地融入目标文化的交际环境。

（二）培养文化技能的方法

培养学生的文化技能需要采用多样化的教学方法和实践策略。

1. 模拟跨文化交际活动

教师可以设计角色扮演的活动，让学生在模拟的跨文化场景中运用所学的文化技能开展交流和合作。通过扮演不同文化背景的角色，学生能够更加深入地理解不同文化的语言、行为方式和价值观念，并通过实践提高文化技能。这种模拟活动可以涉及不同场景，如商务会谈、社交聚会、旅游导览等，以便学生能够应对各种实际情境下的文化差异。

2. 分析真实案例

教师可以引导学生分析和讨论真实的翻译案例，重点关注其中涉及的文化因素和相应的应对策略。通过研究实际案例，学生可以深入了解文化差异对翻译的影响，并学习如何运用文化技能解决翻译中的问题。这种案例分析可以涵盖不同领域和不同文化背景的翻译挑战，帮助学生建立丰富的文化知识和应对策略。

3. 跨文化交际训练

教师可以组织学生参与跨文化交际训练，通过与来自其他文化背景的人交流和合作，提高学生的文化技能。这可以包括与国际学生开展合作项目、参加跨文化交际的实践活动或线上跨文化交流等。通过与他人的实际互动，学生能够更好地理解和应用文化技能，同时培养跨文化敏感度和适应能力。

四、文化适应性

在英语翻译教学中，学生需要具备适应不同文化环境的能力，以便更好地与源语言和目标语言的文化互动和交流。文化适应性的培养有助于学生在翻译工作中展现灵活性和包容性，更有效地解决跨文化交际中的问题。

（一）文化适应性的概念和重要性

1. 文化适应性的概念

文化适应性是指在不同文化环境中，个体能够适应和融入当地文化，与他人建立良好的跨文化关系的能力，包括对不同文化价值观、信仰、行为准则和沟通方式的理解、接受和运用能力。对英语翻译教学而言，学生需要具备文化适应性，以便在翻译过程中更好地理解源语言和目标语言的文化背景，准确传达文化内涵，避免文化冲突和误解。

2. 文化适应性的重要性

在全球化的背景下，跨文化交际能力对英语翻译专业人才至关重要。只有具备良好的文化适应性，学生才能有效地开展跨文化翻译工作。文化适应性不仅能够提高翻译的准确性和质量，还能够增进与他人的沟通和合作，建立积极的跨文化关系，促进文化交流和理解。此外，文化适应性还有助于培养学生的开放心态、包容性和跨文化敏感度，提升在跨文化环境中的竞争力和适应能力。

（二）培养文化适应性的策略和方法

1. 情景模拟和角色扮演

教师可以设计情景模拟的活动，让学生面对不同文化适应性的情境，模拟跨文化翻译任务。通过角色扮演和讨论，学生可以在虚拟的环境中练习跨文化适应能力。例如，教师可以安排学生扮演不同文化背景的人物，在情境中开展跨文化交流和翻译，学生需要运用所学的文化知识和技巧，灵活应对文化差异，传达准确的意思并避免文化冲突。

2. 跨文化交流讨论和反思

教师可以引导学生开展跨文化交流的讨论和反思，通过分享和解析真实的翻译案例，探讨其中的文化因素和相应的应对策略。学生可以分析不同文化背景下可能出现的挑战和困惑，并讨论如何应对和解决。这样的讨论可以帮助学生提升对文化差异的敏感度和理解力，培养在实际翻译工作中的文化适应性。

3. 文化交流与合作项目

教师可以组织学生参与文化交流与合作项目，如与其他国家的学生合作完成翻译任务或开展文化研究。通过与来自不同文化背景的学生合作，学生可以直接接触和了解其他文化的观念、价值观和行为方式，促进跨文化交流和合作，增强文化适应性和跨文化能力。

通过培养学生的文化认知、文化意识、文化技能和文化适应性，可以帮助他们在翻译过程中更好地理解和应对文化差异，避免误解和不当表达，实现更有效的跨文化交际。教师在英语翻译教学中应该注重理论与实践的结合，通过多样化的教学资源和活动，引导学生开展跨文化学习和体验，从而全面提升跨文化交际能力。

第二节 英语翻译教学的发展与变革

一、英语翻译教学的历史演变

（一）传统教学方法的特点

在英语翻译教学的历史演变中，传统教学方法扮演了重要的角色。这些传统方法的特点是注重语法和词汇的训练，以及机械的翻译技巧和规则。在这种教学方法中，教师通常以源语言为中心，将翻译视为简单的单向语言转换过程，而忽视了文化因素对翻译的重要影响。

一种常见的传统教学方法是基于结构主义的翻译教学。在这种方法中，学生被要求通过分析语法结构和词汇选择来翻译，注重翻译的准确性且符合语言规范。教师通常会提供大量的练习和翻译任务，要求学生通过机械的转换将源语言表达转化为目标语言表达。然而，这种方法忽视了翻译的文化因素和语言背景，导致学生在跨文化交际中缺乏灵活性和适应性。

另一种传统教学方法是直译法。直译法将翻译视为逐字逐句地转换，强调语言表面形式的保持和语义的一致性。教师常常鼓励学生使用字面翻译，将源语言的结构和词汇直接对应到目标语言中。然而，直译法忽视了语言和文化之间的差异，译文的自然度和流畅性受到影响。此外，直译法也无法解决涉及习语、文化隐喻和文化背景知识的翻译问题。

传统教学方法的局限性在于强调了语言层面的训练，却忽视了翻译的真正目的和意义。翻译不仅仅是简单的语言转换，更重要的是在不同文化背景下传递意义和信息。因此，传统教学方法未能培养学生的跨文化交际能力和文化意识，限制了在实际翻译工作中的应用能力。

（二）现代翻译教学的理念转变

随着跨文化交际的发展和全球化的趋势，英语翻译教学逐渐转变为注重跨文化交际能力培养的过程。现代翻译教学强调培养学生的跨文化意识、文化知识和跨文化交际技能，以应对复杂多样的跨文化交流需求。在这一转变中，传统教学方法的局限性逐渐被认识，且开始寻求新的教学理念和方法，以更好地培养学生的翻译能力和素养。

1. 全球化的需求

在全球化趋势下，不同国家和文化之间的交流日益频繁。英语作为国际交流的重要工具，英语翻译教学的目标不再仅仅是语言转换，更重要的是培养学生跨越语言和文化差异的能力，使其能够胜任跨文化交际的任务。

2. 文化因素的重要性

翻译不仅仅是简单转换语言，还涉及不同文化之间的差异。现代翻译教学认识到文化因素对翻译的重要影响，强调培养学生的文化意识和跨文化沟通能力。学生需要了解和尊重不同文化的价值观、习俗、社会制度等，以确保翻译的准确性和适应性。

3. 跨文化交际能力的要求

现代社会对翻译人才提出了更高的要求，需要具备跨文化交际能力，包括了解不同文化背景下的沟通方式、适应不同文化环境的能力，以及处理跨文化冲突和误解的技巧。现代翻译教学通过培养学生的跨文化意识、文化知识和跨文化交际技能，使能够更好地适应多元文化的交流需求。

4. 跨学科整合的趋势

翻译涉及多个学科领域的知识，如语言学、文学、历史、社会学等。现代翻译教学倡导跨学科整合，将不同领域的知识融入教学内容中，帮助学生更好地理解翻译任务的背景和语境。这样的综合性教学有助于提升学生的综合素养和批判性思维能力。

现代翻译教学的理念转变体现了对传统教学方法的反思和发展，强调培养学生的跨文化交际能力。

二、英语翻译教学的变革方向

（一）培养跨文化交际能力

在跨文化交际能力培养视域下，英语翻译教学强调学生的文化认知、文化意识、文化技能和文化适应性的培养。教学内容包括跨文化沟通理论、文化差异分析、文化认知策略等，以提升学生在跨文化翻译中的能力和素养。通过了解和尊重不同文化的价值观、信仰和社会习俗，学生能够更好地理解和解决跨文化交际中的问题。

（二）引入情境化教学

传统的机械翻译训练逐渐被情境化教学取代。情境化教学强调学生在真实情景中的语言应用和翻译实践，使学生能够更好地理解和运用翻译技巧和策略。教学可以通过模拟跨文化交际场景、案例分析、角色扮演等方式开展。通过实际的情境体验，学生能够在真实的语言环境中练习翻译技能，同时加深对文化因素在英语翻译教学中的影响的理解。

（三）引入技术支持

随着信息技术的发展，英语翻译教学开始引入技术支持工具。计算机辅助翻译（computer-assisted translation，CAT）工具、在线翻译平台等被应用于教学过程中，帮助学生提高翻译效率和质量。这些工具可以辅助学生完成术语管理、语料库查询、质量控制等翻译任务，使翻译更加高效和准确。同时，技术支持也为学生提供了更广泛的资源和实践机会，如通过互联网获取文化背景信息、参与在线协作翻译等。教师在教学中可以引导学生熟练使用这些工具，提升其在数字化时代的翻译能力。

（四）强调学习者中心

现代英语翻译教学注重学习者的主体地位，鼓励学生积极参与教学过程，发挥自主学习的能力。教师的角色由传统的知识传授者转变为学习的引导者和促进者。应提供丰富多样的学习资源和活动，激发学生的学习兴趣和动力。此外，还应关注学生的个体差异，针对不同学生的需求和特点开展差异化教学，提供个性化的指导和支持。

（五）强调实践与反思

现代英语翻译教学强调实践与反思的结合。学生不仅需要在实际翻译任务中运用所学知识和技能，还需要反思和评估自己的翻译过程。教师可以组织学生参与真实的翻译项目或模拟的翻译实践，让学生在实际任务中面对挑战和问题，通过反思和讨论以改进自己的翻译能力。反思过程可以促使学生深入思考自己的翻译决策、策略和效果，提升翻译质量和自我调节能力。

第三节　跨文化交际能力培养视域下的
英语翻译教学理论框架

一、跨文化意识与文化知识

在跨文化交际能力培养视域下，英语翻译教学需要着重培养学生的跨文化意识和文化知识。跨文化意识是指学生对不同文化之间的差异性和多样性的认知和理解。学生需要了解不同文化的价值观、习俗、信仰、社会制度等，以及这些文化因素对翻译的影响。文化知识则是指学生对不同文化背景下的词汇、表达方式、隐喻、习语等的掌握。教学可以通过文化研究、跨文化交际案例分析、文化体验等方式，培养学生对文化差异的敏感性和理解能力。

（一）跨文化意识的培养

跨文化意识是学生对不同文化之间差异性的认知和理解能力。在英语翻译教学中，培养学生的跨文化意识可以通过三个方面展开。

1. 文化差异的认知

学生需要了解不同文化之间的价值观、习俗、信仰、社会制度等方面的差异，意识到人们在不同文化背景下的行为、思维方式和沟通方式可能存在差异，且这些差异对翻译的理解和表达产生影响。

2. 文化情境的理解

学生需要理解翻译过程中的文化情境，且能够将源语言文本的文化背景和意义转化为目标语言的文化背景和意义。同时，应该注意到不同文化中的隐喻、习语、文化象征等，以便在翻译过程中更准确地传达信息。

3. 文化敏感性的培养

学生需要培养对文化差异的敏感性，尊重和欣赏不同文化的观念和习俗，意识到自己的文化观念可能并不适用其他文化，并且要学会从跨文化的角度审视和评估翻译任务。

为培养学生的跨文化意识，教师可以引导学生开展跨文化案例分析、文化对比研究和文化体验活动。通过研究和讨论不同文化之间的差异和相似，学生可以更好地理解和应用跨文化意识于翻译实践中。

（二）文化知识的掌握

文化知识是学生对不同文化背景下的词汇、表达方式、隐喻、习语等方面的了解和掌握。在英语翻译教学中，培养学生的文化知识可以从三个方面展开。

1. 词汇和表达方式

学生需要学习和掌握不同文化背景下的词汇和表达方式。不同文化中可能存在特定的词汇和独特的表达方式，而直译可能无法准确传达原意。因此，学生需要学会在翻译中选择恰当的词汇和表达方式，以确保信息的准确传达和目标语言读者的理解。

2. 隐喻和习语

学生需要了解和解读不同文化中的隐喻和习语。隐喻和习语是文化特有的语言表达方式，直接翻译可能会导致意义的丢失或误解。学生需要通过学习和研究，了解不同文化中常见的隐喻和习语，以便在翻译过程中能够恰当地处理和传达。

3. 文化象征和符号

学生需要熟悉不同文化中的象征和符号，以便在翻译时正确理解和传达其意义。文化象征和符号是文化内涵的重要组成部分，具有特定的文化意义和象征性，因而在翻译过程中需要考虑到其文化背景和语境。

教师可以通过引入文化教材、多样化的文化资源和实际案例帮助学生学习和掌握文化知识。此外，教师还可以组织学生参与文化体验活动，如参观展览、观看文化表演、与不同文化背景的人交流等，进一步拓宽学生的文化视野和认知。

二、跨文化沟通策略与解决问题能力

跨文化交际中经常出现沟通障碍和问题，学生需要具备一定的跨文化沟通策略和解决问题的能力，包括学习如何有效地解决跨文化交际中的误解、歧义和冲突，学会运用合适的修辞手法和语言策略，以培养解决问题的批判性思维能力。教学可以通过案例分析、讨论、实践活动等方式，让学生在模拟的情境中面对跨文化交际问题，培养应变能力和解决问题的思维方式。

（一）跨文化沟通策略的培养

跨文化沟通策略是学生在跨文化交际中解决问题和有效沟通的方法和技巧。学生需要学习和运用适当的策略，来应对跨文化交际中的误解、歧义和冲突。

1. 非语言沟通

学生应该了解不同文化中非语言沟通的特点和重要性。姿势、面部表情、身体语言和目光接触等都可以传达信息和意图。学生需要注意跨文化环境下的非语言信号，适当运用自己的非语言表达方式，以提高沟通效果。

2. 主动倾听和观察

学生应培养倾听和观察的能力，以更好地理解他人的观点和意图。在跨文化交际中，学生应尊重对方的文化和观点，通过倾听和观察，获取更多信息，且避免误解和冲突。

3. 尊重和理解文化差异

学生应学会尊重和理解不同文化背景下的差异，意识到自己的文化观念可能在其他文化中并不适用，学会从对方的角度理解和解释信息，以避免跨文化交际中的误解和冲突。

（二）解决问题能力的培养

解决问题能力是学生在跨文化交际中应对挑战和解决问题的能力。这要求学生具备批判性思维和分析问题的能力，并能够运用合适的修辞手法和语言策略。

1. 批判性思维

学生应培养批判性思维能力，学会分析和评估不同文化观点和信息的可靠性、合理性和相关性。他们需要思考和提出有根据的论点，同时推理和解决问题。

2. 修辞手法和语言策略

学生需要学习和运用适当的修辞手法和语言策略，以在翻译和跨文化交际中有效地表达自己的观点和意图，包括恰当运用比喻、类比、强调和修饰等修辞手法，以及运用适当的语言策略以达到沟通的目的。

3. 实践活动和案例分析

教学可以通过实践活动和案例分析培养学生解决问题能力。教师可以设计跨文化情境的实践活动，让学生在模拟的跨文化交际中解决问题和应对挑战，鼓励他们思考和提出解决方案，包括角色扮演、模拟会议、情景演练等活动，让学生在实际情境中应用所学的跨文化沟通策略。

同时，教师可以通过案例分析引导学生思考和讨论跨文化交际中的问题和挑战。教师可以提供真实的跨文化交际案例，让学生分析其中的问题，并提出解决方案。通过分析实际案例，学生可以加深对跨文化交际中问题的认识，培养解决问题的思维方式和能力。

此外，教师还可以鼓励学生开展团队合作和合作学习，通过小组讨论和合作项目解决跨文化交际中的问题。通过与他人的合作，学生可以相互借鉴和补充，共同寻找解决问题的策略和方法。

三、跨文化适应性与文化包容性

跨文化交际能力的核心是提升学生的跨文化适应性和文化包容性。跨文化适应性是指学生在不同文化环境中能够灵活调整自己的行为和态度，以适应文化差异并建立良好的跨文化关系的能力。文化包容性则是指学生对不同文化的观念、价值观和习俗持包容态度，并能够理解和尊重他人的文化差异。在英语翻译教学中，学生需要具备这种包容性和适应性，以便更好地与源语言和目标语言的文化互动和交流。

跨文化适应性是学生在跨文化交际中的灵活性和适应能力。学生需要具备调整自己行为和态度的能力，以应对不同文化之间的差异。跨文化适应性包括三个方面的要素：一是文化敏感性，学生需要对文化差异有敏锐的觉察，能够意识到不同文化之间的差异，并避免偏见和刻板印象。二是语言和非语言沟通的灵活运用，学生需要能够在不同文化背景下使用适当的语言和非语言进行交际，避免误解和歧义。三是与他人建立良好关系的能力，学生需要能够尊重和理解他人的文化背景，展示开放和合作的态度，以促进跨文化交际的有效性。

文化包容性则强调学生对不同文化持包容态度和尊重态度。学生需要具备接纳和尊重他人文化差异的能力。文化包容性包括两方面的要素：一是文化相对主义，学生需要意识到每个文化都有其独特的价值观和习俗，不存在优劣之分，应尊重和接纳不同文化之间的差异。二是对文化理解和解读，学生需要具备理解和解读不同文化符号和行为的能力，避免误解和冲突，还需要具备适应和应对文化冲突的策略，通过有效的沟通和妥协解决问题，以建立和谐的跨文化关系。

教学可以通过开展多样化的教学活动和实践培养学生的跨文化适应性和文化包容性。例如，教师可以组织学生参与跨文化交流项目、国际交换计划或实习，让学生亲身体验不同文化背景下的生活和工作环境。通过与不同文化背景的人交流和互动，学生可以更加深入地理解不同文化的特点和价值观，增强跨文化适应能力和包容性。

此外，教师还可以设计情景模拟活动，让学生在虚拟的环境中应对跨文化适应性和文化包容性的挑战。通过角色扮演、模拟翻译任务和团队合作，学生可以在虚拟情境中体验与不同文化背景的人交流和合作。这样的活动可以帮助学生培养解决问题的能力并形成处理文化差异的策略，同时加强合作意识和团队精神。

在教学中，教师还可以引导学生开展文化比较和对比分析，通过研究不同文化之间的共性和差异，深入理解不同文化的背景、价值观和行为方式。教师可以引导学生阅读跨文化研究文献，开展案例分析和讨论，帮助发展批判性思维，从多维度的视角理解和解释文化现象。

跨文化适应性和文化包容性的培养也需要注意教师的引导和榜样作用。教师应该成为学生的榜样，展示出对多元文化的尊重和包容态度，并提供积极的跨文化交际策略和解决问题的思路。教师可以通过课堂讨论、个案分析和反思活动，引导学生思考和分析跨文化交际中的挑战和解决方法，并鼓励学生运用所学的知识和技能开展实践和探索。

通过培养学生的跨文化适应能力和包容性，教师可以帮助学生更好地理解和应对不同文化背景下的翻译任务，提高翻译质量和效果。同时，教师在教学中起到重要的引导和榜样作用，通过多样化的教学活动和实践，培养学生的跨文化适应性和文化包容性，从而培养具备全面素养的翻译人才。

总结而言，跨文化交际能力培养视域下的英语翻译教学理论框架包括跨文化意识与文化知识、跨文化沟通策略与解决问题能力，以及跨文化适应性与文化包容性。这一框架旨在培养学生在跨文化交际中展现灵活性、包容性和解决问题的能力，使其能够更好地应对复杂多样的跨文化翻译需求。通过多样化的教学方法和实践活动，学生可以逐步发展和提升跨文化交际能力，为成为优秀的翻译专业人才奠定坚实的基础。

第三章　跨文化交际能力培养视域下的英语翻译教学内容

第一节　课程目标与设计原则

一、确定课程目标

在跨文化交际能力培养视域下的英语翻译教学中，确定清晰的课程目标是关键的一步。这些目标应该综合考虑学生的语言能力、跨文化意识、文化知识和跨文化交际技能等方面。

（一）提高学生的翻译技能

确保学生具备良好的语言能力，包括源语言和目标语言的词汇、语法和语用知识，为他们准确理解源语言文本和有效表达目标语言文本奠定基础。

培养学生的翻译技巧，学会运用适当的翻译策略和技术，解决翻译过程中的难点和挑战。

（二）培养学生的跨文化意识

引导学生认识到不同文化之间的差异和多样性，包括语言、价值观、社会习俗等方面。通过案例分析和讨论，使学生能够理解文化因素对翻译工作的影响，并提高跨文化交际能力。

培养学生的文化敏感性，学会在翻译过程中考虑文化因素，并避免或减少文化误解和冲突。

（三）增进学生的文化知识

提供学生关于不同文化背景详细而深入的文化知识，包括历史、地理、宗教、习俗等方面。这将帮助学生更好地理解和传达文化特点在翻译中的重要性，并提高翻译的准确性和适应性。

强调文化多样性，让学生认识到不同文化之间的相似点和差异，以促进尊重和包容性的跨文化交际。

（四）培养学生的解决问题能力

帮助学生识别并解决跨文化交际中的问题和挑战，包括解决语言障碍、处理文化冲突、克服误解等。通过案例分析和模拟情境训练，培养学生的解决问题能力和决策能力，使其能够在翻译实践中灵活应对各种挑战和困难。

（五）培养学生的批判性思维能力

培养学生批判性思考和评估翻译过程和结果的能力。鼓励学生分析和评估不同翻译策略的优劣，思考翻译决策对跨文化交际的影响，并提出合理的改进建议。

引导学生思考翻译背后的权衡和考量，如目标语言受众的需求、文化适应性和信息的准确传达等，培养在复杂跨文化环境中翻译决策的能力。

（六）培养学生的自主学习能力

培养学生主动探究和学习跨文化交际领域的能力。鼓励学生独立开展文化研究、资料收集和信息分析，培养在跨文化交际中持续学习和自我提升的能力。

提供学习资源和引导，让学生了解并运用跨文化交际领域的最新研究成果和实践经验，激发学生的学习兴趣和创新思维。

（七）培养学生的团队合作能力

强调学生在团队合作中的角色和责任，培养与他人合作解决跨文化翻译问题的能力。

通过小组项目、讨论和协作实践等活动，促进学生之间的交流和合作，培养团队合作技巧和跨文化协调能力。

通过设定上述课程目标，跨文化交际能力培养视域下的英语翻译教学将更加全面、更有针对性。这些目标将帮助学生发展出综合的跨文化交际能力，以适应多元文化交流的需求，为其未来的翻译实践和职业发展打下坚实的基础。

二、设计原则

跨文化交际能力培养视域下的英语翻译教学设计可以遵循两个设计原则。

（一）融合理论与实践原则

将跨文化交际理论与实际翻译实践结合，使学生在实际操作中能够应用所学的理论知识。教学活动应该注重培养学生的实际应用能力，通过实践项目、案例分析、角色扮演等方式，让学生在真实或模拟的情境中开展跨文化翻译任务，从而将理论知识转化为实际技能。

1. 社会构建主义理论

社会构建主义认为知识是通过社会互动和合作建构的，教师在英语翻译教学中可以引入合作学习、小组讨论和角色扮演等活动，让学生在互动和合作中构建和分享知识。通过与他人的合作，学生可以更好地理解和应用跨文化交际中的翻译技巧和策略。

2. 情境语言教学理论

情境语言教学强调学习语言应该在真实的情境中开展，教师可以设计情景模拟和角色扮演，让学生在真实的跨文化交际情景中运用英语翻译技巧。通过模拟真实情境，学生可以更好地理解和应对跨文化交际中的挑战，提高口语表达能力和翻译技能。

通过融合理论与实践的设计原则，跨文化交际能力培养视域下的英语翻译教学能够更加贴近实际需求，使学生在实际操作中能够运用所学的知识和技能。这样的教学方法能够培养学生的实践能力、问题解决能力和综合应用能力，从而更好地适应跨文化交际的挑战，以提高翻译质量和效果。

（二）强调反思与评估原则

鼓励学生在学习和实践过程中开展反思和自我评估。教师可以引导学生反思自己的跨文化交际经验和翻译实践，思考自己的优势和不足之处。通过同伴互评、教师评估等方式，帮助学生发现自身的成长点并制定改进策略。

1. 引导学生反思

教师应该引导学生反思自己的学习和实践经验，帮助他们思考所学知识和技能的应用情况。这可以通过课堂讨论、写作任务、个人反思日志等方式实现反思。学生可以回顾自己的翻译实践，思考在不同文化背景下的交际经验，以及遇到的困难和挑战。通过反思，学生可以深入分析自己的优势和不足，从而为进一步的学习和提升制定更加合适的策略。

2. 提供及时和具体的反馈

教师在评估学生的表现时，应提供及时具体的反馈，可以是口头反馈、书面评论或批注，旨在帮助学生了解自己的强项和改进的方向。反馈应该注重学生在跨文化交际和翻译实践中的表现，如准确性、语言流畅度、文化适应性等方面。通过详细的反馈，学生可以更好地认识到自己的发展需求，并在反思的基础上采取行动。

3. 促进同伴互评和合作

同伴互评和合作是反思与评估的重要组成部分。通过让学生互相评价和讨论彼此的翻译作品，可以促进他们之间的互动和学习。同伴互评可以提供多样化的观点和反馈，帮助学生发现自己的盲点和需改进的空间。同时，学生还可以从他人的翻译实践中学习新的观点和策略，拓展自己的跨文化交际能力。

通过鼓励学生开展反思和自我评估，教师可以帮助他们深入思考和了解自己的学习过程、跨文化交际经验和翻译实践，以及发现个人的优势和不足。这样的设计原则不仅有助于学生的个人成长，还能促进自主学习和终身学习能力的培养。通过同伴互评、教师评估和持续的反馈机制，学生可以不断调整和改进自己的学习策略，提高跨文化交际能力和翻译水平。

通过上述设计原则，学生将能够在合作与互动中发展跨文化交际能力，将学会与他人合作、共同解决问题、理解和尊重不同文化的观点和行为方式。这些经验将帮助学生在实际翻译工作中更好地应对跨文化挑战，提高翻译质量和交际效果。同时，也将培养出良好的团队合作和协作能力，为未来的职业发展奠定基础。

第二节　跨文化交际教学内容的设计

一、课程导入与概念引入

在课程开始阶段，引入跨文化交际的概念，说明跨文化交际能力对英语翻译至关重要的原因。介绍跨文化交际的定义、目标和挑战，为学生建立起对跨文化交际的理解基础。

（一）引入跨文化交际的背景和定义

1. 提出问题

在开始课程时，可以引出一个问题，例如："你是否曾经遇到过因为语言和文化差异而导致交流障碍的情况？或者你是否意识到在跨文化环境中开展翻译工作的重要性？"

2. 引入跨文化交际的概念

解释跨文化交际的概念，即在不同文化背景下开展有效交流和理解。强调在全球化时代，跨文化交际能力对英语翻译者来说变得越发重要。

3. 定义跨文化交际

给出跨文化交际的定义，例如："跨文化交际是一种在不同文化之间开展交流和互动，它涉及语言、价值观、信仰、社会习俗等多个方面。"强调在翻译工作中，理解和处理文化差异是至关重要的。

（二）跨文化交际的目标和挑战

1. 介绍跨文化交际的目标

解释我们为什么需要培养跨文化交际能力。强调在多元文化的社会中，能够与不同文化背景的人有效交流和合作是成功的关键。列举一些目标，如增进文化理解、促进有效沟通、避免误解和冲突等。

2. 分析跨文化交际的挑战

详细介绍跨文化交际面临的挑战，如语言障碍、文化差异、非语言行为等。强调这些挑战对英语翻译者而言是现实存在的，并需要具备相应的跨文化交际能力。

（三）跨文化交际的重要性对英语翻译的意义

在翻译工作中，英语翻译者不仅仅需要具备语言翻译能力，还需要具备跨文化交际能力。

1. 文化媒介的角色

强调在翻译过程中，文化媒介是不可忽视的因素。通过跨文化交际能力，翻译者能够更好地理解源语言文本中包含的文化内涵，并将其有效传达到目标语言中，确保翻译的准确性和适应性。

2. 文化适应与解读

指出翻译不仅仅是语言的转换，还需要理解不同文化之间的差异。跨文化交际能力使得翻译者能够更好地理解文化差异，避免出现文化误解或冲突。

3. 目标受众的文化背景

强调翻译工作的目标是为特定的受众群体传递信息。通过跨文化交际能力，翻译者能够准确把握目标受众的文化背景，适应其习惯、价值观和文化需求，从而开展针对性的翻译，确保信息的准确传递和理解。

4. 文化敏感性与多样性

强调翻译者需要具备文化敏感性和尊重多样性的意识。跨文化交际能力使得翻译者能够主动寻求了解不同文化背景下的观念和实践，以避免偏见或歧视，实现跨文化交流的包容性和平等性。

通过上述课程导入与概念引入，学生将初步认识跨文化交际的概念、目标和挑战，明确了跨文化交际能力对英语翻译的重要性，这为后续的教学内容提供了基础，学生将更有动力去学习和提升跨文化交际能力。

二、跨文化语用与语言特点

（一）跨文化语用的介绍

探讨不同文化背景下的语用差异和言语行为准则，如礼貌用语、直接与间接沟通等。通过案例分析和实例讨论，学生理解并熟悉不同文化间的语用差异，培养在翻译过程中的敏感性和准确性。

1. 礼貌用语的差异

不同文化对礼貌用语的理解和运用有所差异。教师可以引导学生分析不同文化中的礼貌表达方式，如问候语、道歉语、感谢表达等。通过对比不同文化中的典型礼貌用语，学生可以了解并体验到不同文化背景下的语用差异。

2. 直接与间接沟通

不同文化对直接与间接沟通的倾向也存在差异。某些文化更倾向于直接表达意思，而另一些文化则更偏向于间接暗示。教师可以通过案例分析和角色扮演的方式，让学生感受并体验到这种语用差异。学生可以通过模拟情境实行角色扮演，运用不同的沟通方式，从而增加对跨文化语用的敏感性和理解。

3. 语境的重要性

不同文化中，语境对理解和解释语言表达的意义至关重要。教师可以通过实例讨论和分析，让学生认识到语言在特定文化语境中的含义和使用方式。学生可以学习如何识别和适应不同文化背景下的语境，从而在翻译过程中准确传达语言的意义。

4. 非语言沟通

非语言沟通也是跨文化交际中的重要组成部分。教师可以引导学生探讨不同文化中的非语言符号和行为，如姿态、面部表情、眼神接触等。学生通过观察和学习这些非语言沟通的特点，能够更好地理解并在翻译中传达非语言信息。

（二）跨文化语言特点的学习

介绍不同文化背景下的语言特点，如表达方式、修辞手法、隐喻和比喻等。通过分析和比较不同文化的语言特点，让学生理解并学会运用恰当的翻译策略，以确保翻译的准确性和自然度。

1.跨文化语言特点的背景

在教学开始阶段，引入跨文化语言特点的学习背景，介绍全球化时代的背景和多元文化的交流需求，强调跨文化语言特点对英语翻译的重要性。解释学习跨文化语言特点的目的，即为了提高翻译的准确性、自然度和适应性。

2.表达方式和交际模式

探讨不同文化背景下的表达方式和交际模式的差异。引导学生思考不同文化中直接与间接沟通的偏好、礼貌用语的差异以及社交规则的不同。通过实例分析和讨论，学生理解不同表达方式对语言交流的影响，并培养在翻译中准确传达不同表达方式的能力。

3.语言使用的文化背景

探索不同文化背景下的语言使用和文化内涵，涵盖词汇、习语、俚语等方面。教师可以引导学生分析特定文化中常见的习语和俚语，以及其背后的文化含义。通过案例研究和实例分析，学生了解如何将这些文化内涵转化为适当的目标语言表达，确保翻译的准确性和文化适应性。

4.修辞手法和隐喻的运用

介绍不同文化中常见的修辞手法和隐喻。通过分析文化中常见的修辞手法，如比喻、夸张、拟人等，以及隐喻的文化象征意义，学生了解语言在不同文化中的多样性和特点。通过实例讨论和练习，培养学生在翻译中运用适当的修辞策略和转换隐喻的能力。

5.非语言沟通和文化信号

引导学生探索非语言沟通和文化信号的重要性，涵盖身体语言、面部表情、姿势、礼仪等方面。通过观察视频、图像和实地观察等方式，学生感知和分析不同文化中的非语言沟通和文化信号。

三、文化知识与背景了解

（一）文化背景知识的学习

提供学生关于不同文化背景的详细知识，包括历史、地理、社会习俗等方面。通过学习文化背景知识，学生将更好地理解文化特点在翻译中的重要性，以及文化对语言使用和交际行为的影响。

1.历史与文化

学生需要了解不同文化的历史和发展过程，以了解其形成的背景和演变。通过学习历史事件、重要人物和文化传统，学生可以更好地理解文化的根源和特点。教师可以引导学生分析历史事件与文化发展之间的关联，以帮助学生理解文化特点的形成和演变。

2. 地理与环境

学生需要探索不同文化所处的地理环境和地理条件对其文化形成的影响。教师可以引导学生了解地理因素，如自然资源、气候、地形等对文化的塑造作用。学生通过了解不同地理环境下的人们的生活方式、经济活动和社会结构，能够更好地理解文化和语言使用的背景。

3. 社会习俗与礼仪

学生需要学习不同文化中的社会习俗和礼仪规范，包括社交礼仪、婚嫁习俗、节日庆典等。通过案例分析和实例讨论，学生了解不同文化背景下的社会习俗和礼仪规范，以帮助他们在翻译中传达文化特点并避免文化冲突。

（二）跨文化素材的研究

引导学生研究不同文化背景下的文学作品、新闻报道、广告宣传等跨文化素材。通过分析和讨论跨文化素材，学生将加深对文化差异和传播方式的理解，提升翻译能力和文化适应能力。

1. 跨文化文学作品研究

引导学生研究不同文化背景下的文学作品，如小说、诗歌、戏剧等。教师可以选择具有代表性的文学作品，包括本土作品和国际经典作品，让学生通过分析文学作品中的语言、主题、符号和文化内涵，理解和比较不同文化间的差异和相似点。

2. 跨文化新闻报道分析

引导学生研究不同文化背景下的新闻报道，包括国际新闻、社会事件、文化活动等。学生可以通过分析新闻报道的语言风格、报道角度和文化背景，了解不同文化间的价值观、观点差异以及媒体对文化传播的影响。教师可以引导学生多角度思考，以培养学生在翻译过程中的分析能力。

3. 跨文化广告宣传分析

引导学生研究不同文化背景下的广告宣传，包括平面广告、电视广告、网络广告等。通过分析广告中的语言、图像、符号和文化隐喻，学生能够深入了解不同文化对产品推销、消费观念和审美偏好的影响。教师可以组织学生分析广告的目标受众、文化适应策略和传播效果，以培养学生在翻译和跨文化传播中的创造性思维和应用能力。

4. 跨文化素材讨论与案例分析

组织学生参与跨文化素材的讨论和案例分析，让学生分享对跨文化素材的观察、体验和研究成果。通过互动交流和团体讨论，学生能够扩展视野、加深理解，从彼此的观点中获得更多的跨文化启发和触发。

通过上述教学设计，学生将深入研究不同文化背景下的跨文化素材，从中了解文化差异、传播方式和传播影响，并通过分析和讨论提升翻译能力和文化适应能力。

四、实践与模拟体验

（一）实地考查和交流

安排学生开展实地考查活动，如参观社区、企业或文化机构，与当地人交流和互动。通过实际体验，学生将接触到真实的跨文化交际环境，增强跨文化适应能力和理解力。

1. 目的和选择

确定实地考查的目的和主题，如文化机构、社区或企业。教师可以根据学生的学习需求和教学目标，选择与跨文化交际相关的场所。重点考虑能够展示当地文化特点、社交习俗和语言使用的场所。

2. 准备和指导

在实地考查前，提前开展准备工作，包括了解当地文化背景、礼仪规范和基本语言表达。教师可以提供必要的指导，帮助学生了解实地考查的目标和预期结果，并鼓励他们提出问题和设定交流目标。

3. 实地考查活动

组织学生开展实地考查活动，如参观当地的博物馆、历史遗址、社区组织或企业。学生可以观察和体验当地的文化景观、社会交往和日常生活，与当地人交流和互动。教师可以提供必要的翻译或陪同，以确保学生能够顺利进行交流和获取相关信息。

4. 交流和互动

鼓励学生积极参与当地人的交流和互动，如与当地居民、导游、工作人员等对话和问答。通过实际的跨文化交际，学生能够感受到不同文化背景下的语言使用、非语言表达和社交礼仪，并体验到文化之间的差异与相似点。

5. 反思和总结

在实地考查后，组织学生反思和总结。教师可以引导学生回顾和分析实地考查中的观察、体验和交流，思考跨文化交际中遇到的挑战、发现的新知和对文化适应的感悟。学生可以通过写作、小组讨论或展示等方式分享自己的体验和反思。

（二）参与国际交流项目

鼓励学生参与国际交流项目，如语言交换、志愿者工作或国际实习。这样的经历将使学生置身于跨文化交际的实际环境中，与不同文化背景的人互动，并运用英语翻译技能沟通和交流。

1. 项目选择与准备

教师可以与学生一起选择适合的国际交流项目，如志愿者工作或国际实习。根据学生的兴趣、专业背景和学习目标，选择与跨文化交际相关的项目。在项目开始前，教师可以提供指导，帮助学生了解项目的背景、目的和预期成果，并提供必要的文化背景知识和语言准备。

2. 跨文化交流与互动

参与国际交流项目的学生将与来自不同文化背景的人互动和交流，使用英语作为沟通和翻译的工具，与当地人或其他国际学生交流。这种实际的跨文化互动能够让学生深入体验和理解不同文化之间的差异和相似，提高跨文化沟通技巧和解决问题的能力。

3. 语言运用与翻译实践

参与国际交流项目的学生将有机会运用英语实行口语和书面表达，并将英语作为翻译工具与当地人交流。在这个过程中，需要运用所学的翻译技巧，确保信息的准确传达和理解。同时，学生还可以学习和掌握当地语言和表达方式，进一步提升跨文化语言能力。

4. 文化适应与意识培养

参与国际交流项目的学生将面临不同文化背景下的生活和工作环境，需要适应当地的社会习俗、价值观和行为准则，并尊重当地文化。通过实践与模拟体验，学生能够培养跨文化意识和敏感性，学会在跨文化环境中融入和适应，以更有效地交流和合作。

5. 反思与成果分享

在参与国际交流项目后，学生应反思和总结。教师可以引导学生回顾自己的经历和感悟，分析跨文化交际中的挑战和成长，以及适应文化的策略和技巧。学生可以通过写作、演讲、小组讨论或展示等形式，分享自己在国际交流项目中的体验和成果。这样的反思和成果分享可以促进学生之间的互动和学习，同时也能够让其他学生从中获得启发和借鉴。

6. 后续指导和支持

参与国际交流项目后，教师应提供后续的指导和支持，帮助学生整理和总结项目经验，并将其与课堂学习关联。教师可以组织学生开展讨论和反馈，了解他们在项目中遇到的问题和困惑，并提供相应的解决方案和建议。此外，教师还可以为学生提供机会参与跨文化交际的活动、讲座或研讨会，进一步拓宽他们的视野和经验。

通过参与国际交流项目，学生能够在真实的跨文化环境中应用所学的跨文化交际技巧和翻译能力，亲身体验不同文化之间的交流挑战和机遇，加深对文化差异的理解和尊重，培养自己的跨文化适应能力和领导力。同时，参与国际交流项目也将为学生提供宝贵的人际关系和职业发展的机会，丰富学习经历并提升个人素养。

五、反思与评估

（一）学习反思

鼓励学生在学习和实践过程中反思，思考自己的跨文化交际经验和翻译实践。教师可以引导学生思考在跨文化交际中遇到的挑战、取得的成绩和需要改进的方面。通过反思，学生可以深入了解自己的优势和不足，有针对性地调整学习策略和提升自身能力。

（二）自我评估

引导学生自我评估，评价自己在跨文化交际和翻译任务中的表现。学生可以制订评估标准，如准确性、流利度、文化适应能力等，并反思和总结自己的表现。这种自我评估有助于学生认识到自己的成长点和改进方向。

（三）同伴互评

鼓励学生开展同伴互评，即学生之间相互评估和提供反馈。可以设计评估表或评价标准，让学生在小组或伙伴之间评价彼此的表现。通过同伴互评，学生能够从不同的视角和经验中获得反馈，发现自身的盲点并提升自己的表达和翻译能力。

（四）教师评估

教师在学生学习过程中起到重要的评估角色。教师可以通过课堂观察、作业评估、口头反馈等方式评估学生的表现，并提供有针对性的建议和指导。教师的评估有助于学生全面了解自己的学习情况，并制定改进策略。

通过鼓励反思与评估，学生能够深入思考自身的学习过程和成果，识别自己的发展方向，并制定相应的改进策略。这种反思与评估的过程将帮助学生提高跨文化交际能力，并将理论知识转化为实际技能。同时，教师的指导和评估将为学生提供及时的支持和指导，促进其在跨文化交际教学中不断地进步与成长。

第三节　跨文化交际能力培养视域下的英语翻译教学案例

学生是一群具有一定英语翻译基础的大学生，正在学习英语翻译专业。为了提高学生的跨文化交际能力和翻译技巧，设计了一系列案例教学活动。

案例一：节日庆祝活动翻译挑战

（一）情境设置

学生分成若干小组，每个小组代表不同的国家或地区。每个小组选择一个节日庆祝活动，如中国的春节、美国的感恩节、法国的巴士底日等。学生将在小组内调研和了解所选节日庆祝活动的文化背景、重要习俗和相关词汇。

（二）任务

1. 调研与了解节日庆祝活动的文化背景

学生通过阅读相关资料、观看视频或采访当地人等方式，获取关于所选节日庆祝活动的文化背景知识，了解节日的起源、历史背景、重要意义以及相关的传统习俗和庆祝活动。

2. 选择一段文本展开翻译

在所选节日庆祝活动中，学生从相关的文本素材中选择一段展开翻译。这可以是节日庆祝活动的介绍、祝福语、传统歌曲、舞蹈表演等。学生需要理解文本的含义、情感表达和文化内涵，并将其准确、自然地翻译成目标语言。

3. 展示翻译成果并解释翻译挑战

每个小组将展示他们的翻译成果，并向其他小组成员和教师解释在翻译过程中遇到的文化差异和翻译挑战。学生应该说明在翻译过程中如何处理文化因素、如何选择合适的翻译策略以及确保翻译的准确性和适应性。

（三）教学指导

1. 提供相关文化背景知识

教师可以向学生介绍所选节日庆祝活动的文化背景知识，包括其起源、历史发展、文化内涵和重要习俗等，这将帮助学生更好地理解节日的意义和背后的文化价值观。

2. 引导学生关注文化因素的影响

教师可以引导学生分析所选节日庆祝活动中的文化差异，包括符号、象征意义、价值观等方面。学生应该意识到这些差异对翻译的影响，学会在翻译过程中注重文化因素的传达和适应。

3. 分享翻译策略和讨论

教师可以组织学生之间的讨论，分享不同节日庆祝活动的文化特点和翻译策略。学生可以交流彼此在翻译过程中遇到的挑战，分享解决问题的方法和技巧。这样的互动讨论可以促进学生之间的学习和合作，丰富跨文化交际能力和翻译技能。

4. 提供反馈和指导

教师在学生展示和讨论的过程中提供反馈和指导。教师可以评价学生的翻译成果，指出其优点和其需改进之处。同时，教师可以针对学生在翻译过程中遇到的具体问题提供指导和建议，帮助他们提高翻译质量。

通过上述设计，学生能够通过实践和模拟体验深入了解不同文化背景下的节日庆祝活动，并通过翻译挑战提升跨文化交际能力和翻译技能。这样的教学案例将帮助学生在跨文化交际中更加准确地处理文化差异，为未来的翻译实践提供坚实的基础。

案例二：广告文案的跨文化翻译

在案例中，通过广告文案的跨文化翻译任务，学生将有机会应用自己的跨文化交际能力和翻译技巧。

（一）情境设置

学生分成若干小组，每个小组选择一个国际知名品牌的广告文案开展研究和翻译。可以选择不同类型的广告，如产品广告、服务广告或社会广告等，以涵盖不同领域的目标受众。

（二）任务

学生在小组内分析所选广告文案的目标受众、推广策略和文化内涵，探讨广告中使用的符号、象征意义、情感表达等文化因素，并理解这些因素在不同文化背景下的差异和影响。

学生翻译文案，并讨论在翻译过程中遇到的跨文化翻译挑战，如文化隐喻、幽默表达、口语化语言等问题，彼此的翻译策略和技巧。

学生通过小组展示的形式，分享翻译成果，并解释在翻译过程中是如何处理文化差异和确保翻译的准确性和适应性。展示过程中可以包括对原文案的解读和翻译的解释，以及对翻译策略的反思和评价。

（三）教学指导

教师可以引导学生分析不同广告文案中的文化因素，讨论不同文化背景下对这些因素的理解和诠释。学生可以深入分析广告中使用的符号、颜色、图像等，了解它们在不同文化中的含义和作用。

教师还可以提供翻译策略的指导，如直译、意译、文化转换等。学生需要根据目标受众和广告推广策略，权衡是否需要在翻译中保留原汁原味的文化特色和适应目标文化。教师可以通过案例分析和讨论，引导学生思考和运用合适的翻译策略。

教师在学生展示和讨论的过程中提供反馈和指导。教师可以评价学生的翻译成果，指出其优点和需改进之处。同时，教师可以促进学生之间的互动和学习，通过问问题、引导讨论和分享经验，帮助学生更好地理解和应用跨文化翻译的原则和技巧。

案例三：跨文化交际场景的角色扮演

在案例中，学生将通过角色扮演模拟跨文化交际的实际场景，以提升跨文化交际能力和英语翻译技巧。

（一）情境设置

在这个案例中，学生将分成若干小组，并被分配不同的文化背景角色，如中国商务代表、美国客户、日本交流学生等。每个小组将扮演分配到的角色，模拟真实的跨文化交际场景。

（二）任务

场景对话准备：每个小组根据扮演的角色，准备一段跨文化交际场景对话，如商务洽谈、文化交流等。对话的内容可以涉及商业合作、文化差异、社交礼仪等方面。

1. 角色扮演与翻译技巧

学生在角色扮演和对话的过程中运用英语翻译技巧开展实时翻译和跨文化适应，需要处理语言障碍、文化误解和沟通困难，同时确保信息的准确传达。学生可以尝试不同的翻译策略，如直译、意译和文化转换，以找到最适合场景的翻译方式。

2. 观察与反思

角色扮演结束后，学生通过观察和反思评估自己在角色扮演过程中的表现和翻译效果。通过回顾对话的录像或记录，思考自己在跨文化交际和翻译方面的优势和需改进的地方。学生应注意自己的语言表达、非语言交际和文化适应能力。

3. 提出改进策略

针对在角色扮演中遇到的挑战和困难，学生提出改进策略，分享彼此的经验和观察，讨论如何更好地处理跨文化交际中的问题，并提出解决方法和改进策略。

（三）教学指导

1. 提供角色扮演指导和范例

教师应提供角色扮演的指导和范例，帮助学生更好地理解和扮演所选角色。教师可以为学生提供关于所扮演角色的文化礼仪、交际技巧和语言表达的提示，以帮助他们更准确地模拟所选的文化角色。

2. 组织互动讨论和分享

教师可以组织学生之间进行互动讨论，让学生分享角色扮演的体验。学生可以交流彼此在角色扮演过程中遇到的困难和挑战，并一起探讨解决方法和改进策略。通过分享和讨论，学生可以从彼此的经验中学习，并获得对跨文化交际的更深入理解。

3. 引导思考跨文化交际挑战和解决方法

教师应鼓励学生深入思考跨文化交际中的挑战和解决方法。例如，学生可以讨论如何在跨文化对话中处理文化差异、尊重他人的观念、平衡直译和意译等问题。教师可以引导学生思考不同文化之间的沟通障碍和误解产生的原因，并帮助他们寻找有效的解决途径。

4. 提供反馈和指导

教师在学生完成角色扮演后，应提供及时的反馈和指导，评估学生的语言表达、翻译准确性、文化适应能力等，并给予积极的鼓励和建议；还可以针对学生在角色扮演中出现的常见问题和挑战，提供具体的指导和训练，帮助他们不断提升跨文化交际和翻译技巧。

通过上述教学指导，学生将有机会在模拟的跨文化交际场景中锻炼自己的角色扮演能力和翻译技巧，能够更深入地理解不同文化之间的差异，学会灵活应对各种跨文化交际挑战，并提出改进策略以提升自己的表现。这样的练习有助于学生培养跨文化交际的适应能力，为未来面对真实的跨文化交际场景做好准备。

通过上述案例教学活动，学生将在真实或模拟的跨文化交际情境中展开翻译实践和文化适应，提高跨文化交际能力和翻译技巧。同时，还将通过反思和评估，发现自身的成长点，并制定改进策略，从而不断提升自己在跨文化交际中的表达和理解能力。

第四章 跨文化交际能力培养视域下的英语翻译教学方法

第一节 教学方法与策略

在英语翻译教学中，如何培养学生的跨文化交际能力，使其能够准确传达信息、理解并适应不同文化背景下的沟通方式和沟通习惯，是一项重要的任务。

一、文化意识与跨文化训练

（一）引入文化意识的概念

教师应首先引入文化意识的概念，让学生意识到不同文化之间的差异和影响。通过案例分析、讨论和文化研究等活动，学生可以了解不同文化的价值观、社会习俗、语言表达方式等，从而培养跨文化的敏感性。

1.介绍文化意识的概念

教师可以向学生解释文化意识的概念，即对不同文化之间的差异和相似性有深入的认识和理解；还可以强调文化对人们的价值观、行为模式、沟通方式等方面的影响，并解释为什么文化意识对跨文化交际和英语翻译至关重要。

2.探讨文化差异的案例

教师可以选择具有代表性的文化差异案例，让学生从实际例子中感受不同文化之间的差异。例如，可以比较中西方在时间观念、礼貌用语、社交礼仪等方面的差异，引导学生思考这些差异对跨文化交际和翻译的影响。

3.分析文化因素对翻译的影响

教师可以与学生一起讨论文化因素对翻译过程的影响。例如，不同语言和文化之间的表达方式、隐喻和比喻的使用、文化背景下的口语习惯等都会对翻译产生影响。通过分析这些影响，学生可以意识到翻译不仅仅是语言的转换，还涉及文化的转换和理解。

4.引导文化对比和对话

教师可以引导学生开展跨文化对比和对话，让学生从不同文化的角度思考问题和表达观点。例如，教师可以组织学生讨论某一话题，如家庭观念、教育制度、工作文化等，鼓励学生从自身的文化背景出发，并与其他文化对比和交流，以增进对不同文化的理解和尊重。

5. 培养跨文化意识的实践活动

教师可以设计一系列实践活动培养学生的跨文化意识。例如，安排学生与来自不同文化背景的人进行交流和互动，参与跨文化项目或志愿者活动等。这些实践活动能够让学生亲身体验不同文化的特点和价值观，加深对文化差异的理解，并培养在跨文化环境中的灵活性和适应能力。

（二）跨文化训练的设计

教师可以设计一系列的跨文化训练活动，以帮助学生理解和适应不同文化背景下的沟通方式。这些训练活动可以包括角色扮演、跨文化对话、文化冲突解决等，旨在让学生在模拟的情境中得到体验并能够应对跨文化交际的挑战。

1. 角色扮演和模拟活动

通过角色扮演和模拟活动，学生可以在虚拟的情境中扮演不同文化背景的角色，并开展跨文化交际和翻译。教师可以为学生设计各种情境，如商务洽谈、文化交流活动等，让学生在模拟的情境中面对文化差异和语言障碍。学生需要运用所学的翻译技巧和策略，理解并适应不同文化之间的沟通方式，同时培养解决文化冲突的能力。

提供背景知识。在开始活动之前，教师可以向学生提供相关的背景知识，包括相关文化背景、行业信息、商务礼仪等，帮助学生更好地理解情境并准备好角色扮演。

指导角色扮演。教师可以指导学生角色扮演，包括角色的定位、角色特点的塑造、语言表达方式的选择等，为其提供一些范例或模板，帮助学生更好地理解和扮演各种角色。

角色讨论和反思。在活动结束后，教师可以组织学生开展角色讨论和反思。学生可以分享自身在角色扮演中遇到的困难、挑战和收获，互相学习和借鉴。教师可以提出问题引导学生思考，如在跨文化交际中遇到的难题、如何解决文化冲突等。

提供反馈和指导。教师在活动过程中可以观察学生的表现，及时提供反馈和指导，可以包括语言表达的准确性、文化适应能力、沟通策略的运用等方面。针对学生的不足之处，还可以提出建议，并鼓励其在下次的角色扮演中改进和提升。

通过角色扮演和模拟活动，学生可以在虚拟情境中实践和运用所学的翻译技巧和跨文化交际能力。这种实践性的学习方式可以增强学生的参与度和动力，帮助更好地理解和应用所学的知识和技能。

此外，教师还可以结合其他教学资源和工具，如多媒体教材、在线资源等，丰富角色扮演和模拟活动的内容和形式。例如，学生可以观看真实的商务洽谈视频，并模拟其中的对话和场景；或者利用在线平台展开虚拟会议和跨文化交流。这些活动能够提供更真实的学习体验，帮助学生更好地应对跨文化交际中的挑战。

2. 跨文化对话练习

教师可以组织学生展开跨文化对话练习，让学生在真实的情境中与来自不同文化背景的人对话。这可以通过线上平台、跨文化交流活动或国际学生交流项目实现。学生需要通过对话实践提高跨文化理解能力，同时培养有效的口译和笔译能力，以确保信息准确传达并避免文化误解。

教师可以利用各种线上平台组织跨文化对话练习，如视频会议工具、在线社交媒体等。通过这些平台，学生可以与来自不同文化背景的人实时对话，增强跨文化交际的实践性和真实性。

教师可以组织跨文化交流活动，如邀请国际学生参与对话、组织文化交流活动和项目等。这些活动可以提供更广泛的文化背景和语言环境，使学生能够接触到更多不同文化的观点和习俗，从而培养跨文化理解能力和适应能力。

教师可以鼓励学生参与国际学生交流项目，如与其他国际学生组成团队，共同完成翻译任务或开展对话交流。这种参与能够提供更深入的跨文化交际机会，学生可以通过与来自不同国家的学生合作，互相学习、交流和分享经验。

在跨文化对话练习中，学生可以扮演不同的角色，如代表自己的文化或扮演其他文化背景的人，需要积极参与对话，表达自己的观点和意见，且具备一定的口译和笔译能力，确保信息的准确传达和理解。

3. 文化冲突解决训练

教师可以引导学生开展文化冲突解决训练，使其能够应对跨文化交际中的挑战和冲突。通过分析真实案例和讨论，学生将学习如何识别和解决文化冲突，以促进跨文化合作和理解。教师可以模拟各种文化冲突情境，让学生思考和提出解决方案，同时培养文化敏感性和解决问题的能力。

教师可以提供真实的文化冲突案例，要求学生分析并讨论。这些案例可以涵盖不同领域和情境，如商务谈判、社交礼仪、价值观冲突等。通过分析案例，学生可以了解文化冲突的各种表现形式，并探讨解决方案。

教师可以设计各种文化冲突情境，让学生扮演相关角色，并模拟解决冲突的过程。学生可以通过角色扮演，思考和提出解决方案，与其他学生一起互动和讨论。这种模拟训练可以提供一个安全的环境，让学生实践解决文化冲突的技巧和策略。

学生需要学会关注和尊重不同文化背景下的价值观、信仰、习俗等，并学习如何适应和理解这些文化差异。教师可以提供相关的文化背景知识和信息，引导学生反思和讨论，以提高对文化多样性的认识和理解。

文化冲突解决训练也着重培养学生的解决问题的能力。教师可以引导学生思考和提出解决方案，鼓励他们探索不同的方法和策略。学生需要学习如何妥善处理冲突，并通过合作、沟通和妥协等方式促进跨文化合作和理解。

在跨文化训练活动之后，教师应引导学生反思和讨论。学生可以分享他们在训练中遇到的困难、感受和观察，并探讨在不同文化交际中的解决策略。这样的反思和讨论有助于学生从经验中吸取教训，提高跨文化交际能力。

二、语言翻译与文化转换

（一）语言翻译技巧的培养

教师应引导学生掌握各种语言翻译技巧，包括直译、意译、调整语气和语言风格等。学生需要了解在不同文化背景下，某些表达方式是否需要转换或调整，以确保信息的准确传达和文化适应。

1. 直译与意译的区分

直译和意译是翻译中常用的两种技巧。直译是指按照原文词序和语法结构翻译，力求保持原文的准确性。而意译则是转换或调整原文的含义，以使译文更符合目标语言的习惯表达方式和文化背景。教师应引导学生理解直译和意译的区别，并在实践中培养学生灵活运用这两种技巧的能力。

（1）直译（Literal Translation）

直译是指将原文的词语、语法结构和句子顺序翻译到目标语言中，力求保持原文的准确性和语义的一致性。直译更注重传达原文的字面意思，尽量避免修改或解释原文。这种翻译方法适用于一些具有明确概念和特定含义的文本，如科学论文、法律文件等。

直译的优点在于能够保留原文的信息和细节，有助于读者理解原作者的原意。然而，直译也存在一些挑战和限制。由于不同语言和文化之间的差异，直译可能会导致信息的不准确传达和语言表达的生硬性。在跨文化翻译中，过于依赖直译可能导致文化误解和传播失真。

（2）意译（Free Translation）

意译是指根据目标语言和文化的习惯表达方式，转换或调整原文的含义，以使译文更贴近目标语言读者的理解和接受习惯。意译更注重译文的流畅性和自然性，以确保信息在文化间的传递和交流。

意译的优点在于能够克服语言和文化差异，使翻译结果更具可读性和可理解性。意译有助于跨越语言障碍，使读者能够更好地理解和接受翻译内容。然而，意译也需要谨慎使用，以避免偏离原文的核心意义和曲解原作者的原意。

2. 语气和语言风格的转换

不同语言和文化中存在着不同的语气和语言风格。教师应帮助学生认识到这种差异，并引导他们在翻译过程中转换语气和调整语言风格。例如，在商务翻译中，学生需要了解并适应不同国家的商务交流习惯，选择合适的敬语和礼貌用语。通过模拟练习和实际案例分析，学生可以逐渐培养转换语气和语言风格的能力。

（1）语气的转换

语气是指语言表达中传达的情感色彩和语言态度。在不同的文化中，对同一概念或事件的表达可能存在差异，所以涉及语气的转换。教师可以通过以下方式帮助学生实现语气的转换训练：

第一，学习语言的情感色彩。教师可以引导学生学习不同语言中的情感色彩和表达方式，了解各种语气的特点和使用场景。例如，在英语中，可以通过学习词汇、短语和句型表达喜悦、愤怒、感激等不同情感。

第二，模拟情景练习。教师可以设计不同情境，要求学生在不同的语气下开展口译或笔译练习。通过模拟真实的交流场景，如商务会议、社交聚会等，学生可以体验并掌握在不同语气下的翻译技巧。

第三，分析文本的语气。教师可以选取一些具有明显语气特点的文本，让学生分析其语气风格，并尝试将其转换到目标语言中。通过分析和转换实践，学生可以逐渐培养理解和转换不同语气的能力。

（2）语言风格的调整

语言风格是指在语言表达中体现的文化特色、社交规范和表达方式。不同文化和语境下，语言风格会有所不同。教师可以通过以下方式帮助学生实现语言风格的调整训练：

第一，模拟场景练习。教师可以设计各种情境，如商务洽谈、文化交流活动、社交聚会等，让学生在模拟的情境中开展角色扮演和翻译练习。学生需要根据情境和角色要求，调整语言风格和语气，以符合特定文化的社交规范和表达习惯。通过反复练习，学生可以逐渐掌握在不同情境下调整语言风格的技巧。

第二，分析文本的语言风格。教师可以选择一些具有不同语言风格的文本，如正式文件、新闻报道、广告宣传等，让学生分析其语言特点和文化内涵，并转换翻译。学生需要理解原文体现的语言风格，再将其转换为适合目标语言读者接受的语言风格，保持信息的准确性和流畅性。

第三，对比文化差异。教师可以引导学生对比不同文化中的语言风格和社交规范，让他们意识到在翻译过程中需要开展文化转换。学生可以通过阅读文化材料、观看跨文化交际案例等方式，了解各国的语言习惯、待人方式和交际礼仪，从而更好地适应不同文化背景下的翻译需求。

3. 文化补充与省略的技巧

在翻译过程中，学生需要根据目标语言的文化背景和读者的需求，对其进行文化补充或省略。文化补充是指在翻译中加入额外的文化信息，以便读者更好地理解原文的背景和意义。而文化省略则是在翻译中去除原文中与目标文化无关的细节，以避免文化冲突或误解。教师可以通过分析真实的翻译案例或开展相关练习，帮助学生掌握文化补充与省略的技巧，并在实践中加以应用。

（1）文化背景和读者需求的分析

教师应引导学生学习分析目标语言的文化背景和读者的需求。学生需要了解目标语言社会、历史、传统、价值观等方面的文化背景，以及目标语言读者的特点和期望。通过文化背景和读者需求的分析，学生可以判断在翻译过程中是否需要开展文化补充或省略。

（2）真实案例的分析

教师可以选取一些真实的翻译案例，让学生分析其中涉及的文化问题。学生需要仔细研读原文和译文，比较它们之间的差异，并思考为什么开展了文化补充或省略。通过案例分析，学生可以理解文化补充与省略的必要性和技巧。

（3）练习文化补充

教师可以设计练习，要求学生在翻译过程中加入文化补充。例如，给学生提供一则包含文化细节的原文，要求将这些细节转换为适合目标语言文化背景的译文。学生需要运用自己的文化知识和翻译技巧，将原文的文化细节清晰地传达给目标语言读者。

（4）练习文化省略

教师可以设计练习，要求学生在翻译过程中省略与目标语言文化无关的细节。例如，给学生提供一则包含过多文化细节的原文，要求去除这些细节，使译文更加简洁和易于理解。学生需要思考哪些细节是不必要的或容易引起文化冲突，再适当地省略。

4.语言习惯和习语的转换

不同语言和文化中存在着不同的语言习惯和习语，学生在翻译过程中需要注意将其转换成目标语言的习惯表达方式。教师可以通过引导学生开展语言习惯和习语的转换练习，提供真实的语言材料和相关练习，帮助学生熟悉不同文化背景下的常用习语和惯用表达，并掌握将其转换成目标语言的技巧。学生通过模拟对话和角色扮演等活动，积极参与并运用所学的语言翻译技巧，逐渐提升在跨文化交际中的语言适应能力。

教师在教学过程中的引导和反馈起着关键作用，同时结合真实的案例分析和实践活动，学生将能够在跨文化交际中更加熟练地应用所学的语言翻译技巧。

（二）文化转换的实践

教师可以提供实际的案例和文本材料，让学生开展文化转换的实践。学生可以尝试将源语言文本转换为目标语言文本，并在转换过程中考虑文化差异和目标受众的需求。通过这样的实践，学生能够更好地理解文化转换的重要性，并提高在跨文化交际中的翻译能力。

1.提供真实案例和文本材料

教师可以收集真实的案例和文本材料，涵盖不同领域和文化背景，如商务文件、广告宣传、新闻报道等。这些材料来自真实的跨文化交际场景，让学生在实践中面对真实的文化转换挑战。通过阅读和分析这些材料，学生能够更好地理解不同文化之间的差异，为文化转换做好准备。

（1）案例选择的多样性

教师应该收集来自不同领域和文化背景的真实案例，如商务文件、广告宣传、新闻报道、科技文献等。这样的多样性能够帮助学生接触不同行业、不同文化的实际翻译需求，从而更全面地了解和应对文化转换的挑战。

（2）文本材料的复杂性

为了更好地训练学生的文化转换能力，教师应提供具有一定复杂性的文本材料，可以涉及复杂的文化背景、专业术语、隐含意义等。通过阅读和分析这些材料，学生能够培养挖掘文化信息、理解上下文、把握文化含义的能力。

（3）文本材料的真实性

真实的文本材料可以帮助学生感受到跨文化交际的实际挑战。这些材料往往来源于真实的跨文化交际场景，反映了现实生活中的文化差异和交流难题。通过接触真实材料，学生能够更好地理解文化转换的重要性和必要性。

2. 角色扮演和模拟对话

教师可以组织学生开展角色扮演和模拟对话，让学生在实际情境中运用语言翻译技巧开展文化转换。每个学生扮演不同的角色，如商务代表、游客、文化交流学生等，通过对话的方式开展跨文化交际。教师可以提供情境和对话指导，同时鼓励学生灵活运用语言翻译技巧和文化转换策略。

教师在开展角色扮演和模拟对话时应设定具体的情境。这些情境可以涉及商务会议、旅游交流、学术研讨等，让学生能够身临其境地感受不同文化之间的交流。通过情境设置，学生能够更好地理解不同文化之间的差异，为开展文化转换做好准备。

教师应根据情境设置，将学生分配到不同的角色中。每个学生可以扮演不同的角色，如商务代表、游客、文化交流学生等。通过扮演不同的角色，学生能够从不同视角出发，更好地理解和应用语言翻译技巧和文化转换策略。

教师可以提供对话指导和角色要求，引导学生开展跨文化交际对话。在对话过程中，教师可以观察和记录学生的表现，并提供即时反馈和指导。这样的反馈能够帮助学生发现和改正自己在语言翻译和文化转换方面的问题，不断提升自己的能力。

3. 文化对比和分析

在实践中，教师可以引导学生开展文化对比和分析。学生可以比较源语言和目标语言的文化特点、习惯和价值观，思考如何开展文化转换以适应目标受众。通过深入的文化对比和分析，学生能够更加敏感地把握文化差异，理解在翻译过程中需要开展的文化转换。

文化对比的重要性。在开展文化转换的实践中，学生需要比较源语言和目标语言的文化特点、习惯和价值观。这种对比能够帮助学生发现文化之间的差异，并提醒他们在翻译过程中需要开展的文化转换。通过深入的文化对比，学生能够更加敏感地把握文化差异，避免在翻译中产生文化冲突或误解。

学生可以分析源语言和目标语言文化的特点和习惯，包括礼貌用语、社交礼仪、时间观念、人际关系等方面。通过对这些特点和习惯的分析，学生可以更好地理解目标受众的文化背景，并在翻译过程中开展适当的文化转换。

学生还可以比较源语言和目标语言的价值观和思维方式。不同文化对道德、权威、个人主义与集体主义等方面可能存在差异。通过对这些差异的分析，学生能够更好地理解和解释原文中的价值观，并在翻译中开展文化转换，使译文更符合目标受众的观念和价值体系。

（三）文化适应与信息传达

教师应教授学生如何在翻译过程中平衡信息传达和文化适应。学生需要学习如何根据目标受众的文化背景和习惯，选择合适的翻译策略和表达方式，以确保信息的准确传达和文化的尊重。

1.研究目标受众文化

学生需要深入研究和了解目标受众的文化背景、价值观、习俗和语言习惯。教师可以引导学生通过阅读相关资料、观察和实地调研等方式，加深对目标受众文化的理解。这样的研究可以帮助学生在翻译过程中更准确地把握目标受众的需求和文化背景。

2.分析翻译策略

学生需要学习不同的翻译策略，且在具体翻译任务中灵活运用。教师可以提供案例分析和讨论，让学生思考在不同情境下选择合适的翻译策略。例如，对某些文化特定的词汇、表达方式或隐含含义，学生可以选择意译或文化调整的策略，以确保信息的准确传达和目标受众的理解。

3.强调尊重和敏感性

教师应强调学生在信息传达中所表达的尊重和敏感性。学生需要意识、尊重和接纳不同文化之间的差异。教师可以通过讨论和案例分析，引导学生思考如何在翻译过程中尊重目标受众的文化，避免出现冒犯或误解的情况。

4.练习文化转换和信息传达

教师可以设计一系列练习，让学生开展文化转换和信息传达的实践。例如，提供源语言文本并要求学生将其转换为符合目标文化背景的目标语言文本。学生需要在转换过程中考虑文化差异，并确保信息的准确传达。教师可以提供反馈和指导，帮助学生提升文化适应和信息传达能力。

第二节　教学模式与实践

教学模式与实践在跨文化交际能力培养中起着重要的作用。教师可以采用多种教学模式和实践方法，以提供学生全面的学习体验并培养跨文化交际能力。

一、情景模拟

通过情景模拟，教师可以为学生创造真实且安全的环境，使其能够在模拟跨文化情境中积极参与、表演和互动。这种教学模式的主要是帮助学生将所学的知识和技能应用到实际情境中，提高适应能力和应对策略。

（一）设计合适的情境

教师应根据学生的语言水平、文化背景和学习目标，设计合适的模拟情境。情境可以包括商务洽谈、旅游交流、跨国会议等各种跨文化交际场景。通过选择不同的情境，教师可以引导学生了解和应对不同文化背景下的沟通挑战，培养解决问题的能力。

1. 学生的语言水平

教师应根据学生的语言水平设计适合的情境。初学者可以选择简单的情境，如日常生活场景或基本的商务对话。面对具有较高英语水平的学生，教师可以设计更复杂的情境，如商务洽谈、跨国团队协作或专业会议等。

（1）考虑学生的语言水平

教师在设计情景模拟时应充分考虑学生的语言水平。初学者或语言能力较低的学生可以选择简单的情境，如日常生活场景或基本的商务对话。这样的情境能够帮助他们熟悉常用的表达方式和词汇，提高基本的交际能力。而面对具有较高英语水平的学生，教师可以设计更复杂的情境，如商务洽谈、跨国团队协作或专业会议等，以挑战他们的语言能力和文化转换能力。

（2）创造真实的情境

教师在设计情景模拟时应力求创造真实的情境，使用真实的商务文件、广告宣传、新闻报道等作为情境的依据，面对真实的文化转换问题，使学生能够在模拟中感受到真实的跨文化交际挑战。这样的情景模拟能够培养学生的应变能力和实际应用能力，使更好地适应实际的跨文化交际环境。

（3）提供支持和指导

教师在情景模拟中扮演着指导者和辅助者的角色，提供必要的背景信息和语言支持，帮助学生理解和应对情境中的文化转换挑战；还可以通过角色分配、对话指导和反馈等方式，引导学生灵活运用语言翻译技巧和文化转换策略，不断提升跨文化交际能力。

2. 学生的文化背景

教师应考虑学生的文化背景，以确保情境设计不会产生冲突或对学生造成困惑。不同文化之间存在差异，特定文化背景下的行为方式和社交礼仪可能与其他文化不同。教师可以选择涉及学生熟悉的文化元素或与学生感兴趣的文化相关的情境，以增强学生的参与度和理解能力。

（1）尊重多元文化

在教学过程中，教师应始终尊重学生的多元文化背景。学生来自不同的国家、地区或文化群体，具有各自独特的价值观、信仰、习惯和行为方式。教师应该积极倾听学生的声音，了解他们的文化背景，并在设计情境中充分考虑到这些因素。

（2）避免文化冲突

教师在设计情景模拟时应避免引起文化冲突对学生造成困惑。不同文化之间存在差异，特定文化背景下的行为方式和社交礼仪可能与其他文化不同。因此，教师需要避免那些在学生所处文化背景下可能被视为冒犯或不合适的情境。例如，在某些文化中，谈论个人隐私或触及特定主题可能被视为不恰当的。

（3）考虑学生兴趣

教师可以根据学生的文化背景和兴趣，选择涉及学生熟悉的文化元素或与学生感兴趣的文化相关的情境，这样做可以增加学生的参与度和理解能力。通过模拟与学生熟悉或感兴趣的文化相关的情景，学生更容易将所学知识与自身经验联系起来，更好地理解和应用跨文化交际的技巧。

（4）提供文化背景信息

为了帮助学生更好地理解和应对情景模拟中的文化转换挑战，教师可以提供相关的文化背景信息，包括特定文化的传统、习俗、价值观和社会规范等方面的知识。通过增加学生对不同文化之间差异的认识，教师能够提高学生的文化敏感度，帮助他们在文化转换过程中做出更准确的决策。

3.学生的学习目标

教师应了解学生的学习目标，并根据这些目标设计情境。学生可能希望提高商务交流能力、跨文化谈判技巧或文化交流能力等，教师可以选择与这些学习目标密切相关的情境，以帮助他们实践所学知识和技能，并在实际交流中提高应对挑战的能力。

（1）商务交流能力

如果学生的学习目标是提高商务交流能力，教师可以设计与商务场景相关的情景。例如，学生可以扮演商务代表，在跨国公司的会议中开展商务洽谈，需要运用语言翻译技巧和文化转换策略，确保有效的跨文化交际。这样的情景模拟能够让学生练习商务英语的应用，并培养在商务环境中的沟通和谈判技巧。

（2）跨文化谈判技巧

如果学生的学习目标是提高跨文化谈判技巧，教师可以设计模拟跨文化谈判的情境。学生可以扮演不同国家或文化背景的谈判代表，通过模拟谈判练习语言翻译和文化转换，需要了解各自文化的谈判风格、价值观和习惯，并学会在谈判过程中适应和应对不同文化的挑战。

（3）文化交流能力

如果学生的学习目标是提高文化交流能力，教师可以设计涉及不同文化交流的情景模拟。例如，学生可以扮演游客与当地人交流，或者扮演文化交流学生与外国朋友交流。通过这样的情景模拟，学生能够在实际交流中体验文化转换的挑战，并学会尊重和理解不同文化之间的差异。

（二）角色扮演与互动

在教学模式与实践中的情景模拟中，角色扮演和互动是一种重要的教学方法，特别是在跨文化交际能力培养的视域下。通过角色扮演，学生可以在虚拟的情境中扮演不同的角色，模拟真实的跨文化交际情景，从而提高口语表达能力、交际技巧和跨文化理解能力。

1.提供真实性的体验

角色扮演和互动可以为学生提供一种近乎真实的体验。通过扮演不同的角色，学生能够沉浸在具体的情境中，感受真实的跨文化交际，同时在模拟中面对各种语言难题、文化差异和沟通障碍，从而更好地理解和应对实际交际中可能遇到的问题。

2.培养语言能力和交际能力

角色扮演和互动是学生实践语言的良好机会。学生在模拟情境中需要运用所学的英语知识和技巧表达自己的观点、理解他人的意图，并与其他角色有效交流。这种实践有助于提高学生的口语流利度、准确性和语用能力，使其能够更自信地在实际跨文化交际中运用英语。

3.培养跨文化理解能力和适应能力

通过角色扮演和互动，学生有机会深入了解不同文化之间的差异，并学会以不同文化背景的角色为出发点思考和行动。这种体验可以加深学生对不同文化之间的冲突、误解和合作的理解，培养跨文化敏感性和尊重他人的能力。此外，学生还能够在模拟中学会灵活应对文化差异和解决问题的策略，提高在跨文化环境中的适应能力。

4.激发学生的主动性

角色扮演和互动活动可以激发学生的主动性。通过扮演不同的角色，学生不仅是被动的接收者，而是主动参与到情境中，需要思考和决策，并与其他学生或教师扮演的角色实时互动。这种主动参与和互动能够激发学生的学习兴趣和积极性，使其更加投入和专注于学习过程。同时，学生们在互动中也能够相互学习和启发，通过观察和分析其他学生或教师扮演的角色，可以获得新的见解和思维方式，进一步拓宽视野。

（三）创造多样化的情境

为了提供更丰富的学习体验，教师应设计多样化的情景模拟。这些情境可以涉及不同的国家和地区、不同的社会文化背景和职业领域，以帮助学生更全面地了解不同文化之间的差异和挑战。通过多样化的情景模拟，学生可以更好地理解和适应各种文化背景下的交际方式、价值观和社会规范，从而提升跨文化交际能力。

1.跨国商务谈判

模拟不同国家和地区之间的商务谈判情境，学生可以扮演商务代表或谈判团队成员，在模拟的过程中体验并应对不同文化背景下的商务礼仪、沟通风格和谈判策略。例如，学生可以模拟与中国企业谈判，了解中国商务文化中的重视关系建立、面子文化和礼节等因素对谈判过程的影响。

2.跨文化旅游导览

模拟学生作为外籍导游与来自不同文化背景的游客交流和导览。学生可以扮演导游角色，向游客介绍本地的历史、文化、风俗习惯等内容。通过这样的情景模拟，学生可以学习如何根据游客的文化背景和兴趣，选择合适的表达方式和文化适应策略，以提供优质的旅游体验。

3. 跨国团队合作

模拟跨国公司的团队合作情境，学生分别扮演不同国家的团队成员，在团队合作中面对文化差异和交流挑战。通过这样的情景模拟，学生可以体验到不同文化背景下的工作风格、决策方式和沟通方式的差异，学习如何跨越文化障碍，有效促进团队合作和沟通。

4. 社交场合模拟

模拟各种社交场合，如宴会、庆典、婚礼等，学生可以扮演不同角色，参与文化交流和互动。在这些情景模拟中，学生需要了解并遵守不同文化中的社交礼仪、用餐礼仪、礼物交换等规范，学习如何在社交场合中展示尊重和礼貌，避免冒犯他人。

通过设计多样化的情景模拟，教师能够帮助学生更全面地认识和理解不同文化之间的差异，培养文化敏感性和适应能力。这种多样化的模拟情境能够让学生面对各种跨文化交际挑战，从中学习解决问题的能力。

二、合作学习

合作学习是指学生在小组或团队中合作完成任务或解决问题。在跨文化交际教学中，合作学习可以促进学生之间的互动，并增强文化意识和沟通能力。教师可以组织学生开展小组讨论或项目合作，鼓励他们共享文化知识、交流经验，共同解决跨文化交际中的问题。

（一）小组讨论

教师可以将学生分成若干小组，每个小组由来自不同文化背景的学生组成。小组成员可以共同讨论特定的话题或问题，分享各自的文化背景和经验。例如，可以让学生就某一国家的传统节日展开讨论，让每个小组代表不同的国家，分享各自的传统、庆祝方式和文化含义。在小组讨论过程中，学生可以互相倾听和学习，加深对其他文化的理解。

首先，小组讨论在跨文化交际能力培养中具有重要的意义。通过小组讨论，学生可以从多个视角出发，了解不同文化背景下的观点和想法。这种跨文化的交流与互动有助于打破学生对其他文化的刻板印象和偏见，培养文化敏感性和跨文化沟通能力。在小组讨论中，学生还可以学习其他同伴的翻译经验和策略，从而丰富自己的知识和技能。

其次，小组讨论的实施方法可以多样化，以适应不同的教学目标和情境。

指定话题。教师可以指定特定的话题供学生讨论，这些话题可以涵盖不同的文化领域，如社会习俗、传统节日、商务文化等。例如，教师可以要求学生讨论各自国家的传统婚礼习俗，就其中的翻译难题展开交流和探讨。

多元代表性。确保小组成员具有多样的文化背景和经验，使讨论更加丰富和多元化。教师可以根据学生的背景信息分组，确保每个小组都有来自不同文化背景的学生。

提供资源。教师可以提供相关的资源和资料，包括文化指南、翻译案例、跨文化交际策略等，供学生在讨论中参考和使用，有助于学生更好地理解和应用跨文化交际的知识和技能。

鼓励互动与分享。教师应该创建一个鼓励互动与分享的氛围，激发学生的积极参与。教师可以使用开放性的问题引导讨论，鼓励学生提出自己的观点和问题，并互相回应和补充。此外，还可以设定一些规则和指导，如轮流发言、倾听他人意见等，以确保讨论的公平性和有效性。

引导学习和反思。在小组讨论结束后，教师可以引导学生反思和总结讨论过程和结果。学生可以回顾自己在讨论中的表现，思考自己在跨文化交际方面的收获和不足之处。通过反思，学生可以更好地意识到自己的成长和进步，并针对性地改进和提升自己的跨文化交际能力。

评估学生表现。教师可以根据小组讨论的参与度、贡献度和交流效果等指标评估学生。评估可以包括口头表达能力、对他人观点的理解和回应、跨文化意识和尊重等方面。通过评估，教师可以了解学生的学习情况，并为进一步的教学提供参考和反馈。

总结而言，小组讨论作为合作学习的一种形式，在跨文化交际能力培养中起着重要的作用。通过小组讨论，学生可以共同探讨特定话题，分享各自的文化背景和经验，加深对其他文化的理解和尊重。教师可以采用多样化的实施方法，如指定话题、多元代表性、提供资源和鼓励互动与分享等，促进小组讨论的有效进行。通过小组讨论，学生可以提升自己的翻译能力和跨文化交际能力，并为日后的跨文化交流打下坚实的基础。

（二）项目合作

教师可以设计跨文化交际项目，要求学生以小组形式合作完成。项目可以涉及文化调查、社区服务、文化展示等内容。例如，学生可以选择一个特定的国家或文化，深入了解该国家或文化的语言、艺术、风俗习惯等方面，以小组形式展示研究成果。在项目合作过程中，学生需要相互协作、互相补充，共同解决跨文化交际中的问题。这样的合作学习能够培养学生的团队合作能力、提升跨文化交际技巧和培养解决问题能力。

首先，项目合作在跨文化交际能力培养中具有重要意义。通过项目合作，学生能够在一个团队中共同合作解决问题，模拟真实的跨文化交际环境。这种合作方式能够培养学生的团队合作意识，使他们学会与他人合作、协调和分工，共同完成一个任务或项目。在跨文化交际项目中，学生需要相互交流和合作，共同解决跨文化交际中的语言、文化和沟通障碍。这样的项目合作能够提高学生的跨文化交际技巧，使他们能够更好地理解和适应不同文化之间的差异。

其次，项目合作的实施方法和具体策略可以多样化，以适应不同的教学目标和项目要求。

项目选择。教师可以为学生提供一些项目选题或主题，涵盖不同的文化领域和跨文化交际方面。例如，可以设计一个社区服务项目，要求学生以小组形式了解并参与当地社区的文化活动，同时开展相关翻译工作。

小组组成。确保小组成员具有多样的文化背景和专长，以便在项目合作中能够互相补充和协作。教师可以根据学生的背景信息和兴趣分组，确保每个小组都有来自不同文化背景的学生。

项目计划。在项目合作开始前，教师可以引导学生开展项目计划和分工。学生需要共同讨论和确定项目的目标、时间安排、任务分配等。这样的计划能够帮助学生明确项目的要求和目标，并合理分配工作量。

资源支持。教师可以提供相关的资源和指导，帮助学生在项目合作中获取必要的信息和工具。

学生合作。在项目合作过程中，学生需要相互合作、互相交流，共同解决跨文化交际中的问题。他们可以共同收集、整理和翻译相关的文化资料，开展跨文化调研和交流活动，或者设计和实施文化展示活动。在合作过程中，学生可以分享各自的专长和经验，相互学习和支持，从而提高跨文化交际能力。

指导和反馈。教师在项目合作中扮演着指导和监督的角色，定期与学生讨论和反馈，关注学生的合作进展、困难和需要改进的地方，提供及时的指导和建议，帮助学生解决问题并取得更好的成果。

成果展示。项目合作的最终目标是完成一个具有实际意义和学术价值的成果。学生可以以多种形式展示项目成果，如口头报告、展示板、研究报告、翻译作品等。这样的成果展示可以加强学生的表达能力和展示技巧，同时也是对他们在项目合作中取得成果的肯定和认可。

通过项目合作，学生不仅能够在跨文化交际中培养团队合作能力和解决问题能力，还能够深入了解和体验不同文化之间的交流和互动。这种实践型的教学模式能够激发学生的学习兴趣和动力，使其能够更好地应对跨文化交际的挑战，提升英语翻译和跨文化交际能力。

总之，项目合作作为合作学习的一种形式，在跨文化交际能力培养中发挥着重要作用。通过小组合作完成具体的跨文化交际项目，学生能够培养团队合作能力、跨文化交际技巧和解决问题能力。教师应该合理设计项目、组织学生合作、提供必要的资源和指导，并及时反馈和评估。这样的教学模式能够激发学生的学习兴趣，促进跨文化交际能力的全面提升。

三、跨学科融合

跨文化交际能力的培养需要多个学科的知识和技能的综合应用。教师可以将语言学、社会学、人类学、国际关系等学科的内容融入教学中，为学生提供跨学科的视角和综合的知识结构。通过跨学科的学习和思考，学生能够更全面地理解和分析跨文化交际中的问题，并提供更切实可行的解决方案。

（一）语言学

语言学是翻译教学的核心学科，它研究语言的结构、语法、语义等方面的知识。在跨文化交际教学中，教师可以引导学生深入了解不同语言之间的差异和相似之处，掌握跨语言翻译的技巧和策略。学生需要学习目标语言的词汇、语法和表达习惯，同时也需要理解源语言和目标语言之间的文化差异对翻译的影响。

1. 跨语言差异的认知和理解

语言学是研究不同语言之间结构和规律的。在跨文化交际中，了解不同语言之间的差异和相似之处对翻译的准确性和流畅性至关重要。教师可以通过对比和分析不同语言的语法结构、词汇用法和语义表达，引导学生深入理解不同语言系统的特点和运作方式，有助于学生避免直译的陷阱，理解和转化语言之间的差异，从而更准确地翻译。

2. 目标语言的学习和应用

学生需要通过系统学习目标语言的词汇、语法和表达习惯，以便在翻译过程中准确表达意思。教师可以采用多样化的教学方法，如词汇扩展、语法讲解和语言实践，帮助学生建立牢固的目标语言基础。同时，还可以引导学生关注目标语言的语用和语境，培养学生根据具体情境恰当翻译和表达的能力。

3. 文化影响下的翻译策略

语言学的研究不仅关注语言本身，还关注语言与文化之间的关系。在跨文化交际中，学生需要理解源语言和目标语言之间的文化差异，因为文化差异会影响翻译的选择和策略。教师可以引导学生了解不同文化背景下的语言使用方式、习惯表达和隐含含义，运用适当的翻译策略，以确保翻译的准确性和与文化相符。

（二）社会学与人类学

社会学和人类学研究社会和文化现象，关注不同社会群体的行为和互动方式。在跨文化交际教学中，教师可以引导学生学习不同文化背景下的社会规范、价值观和行为准则。学生需要了解不同文化之间的沟通方式、礼仪习惯和社交规则，以提高在跨文化环境中的适应能力和文化敏感性。

1. 文化背景的理解

社会学和人类学的研究可以帮助学生深入了解不同文化背景下的社会规范、价值观和行为准则。教师可以通过教学材料、案例分析和课堂讨论等方式，引导学生学习不同文化中的社会结构、社会角色、权力关系和群体行为等方面的内容。这有助于学生理解并预测不同文化背景下人们的思维方式和行为模式，为翻译提供更准确的背景信息。

2. 社会语言学的应用

社会语言学是社会学和语言学的交叉学科，研究语言和社会之间的关系。在翻译教学中，教师可以引导学生运用社会语言学的理论和方法，分析语言在社会文化环境中的使用规律和变化。学生可以通过分析社会语言学的概念，如语言变异、语言社会化和语言政治等，加深对语言与文化关系的理解，从而更好地开展翻译和跨文化交际。

3. 实地调研和文化观察

社会学和人类学注重实地调研和观察。教师可以组织学生开展实地考查和文化观察，如参观不同文化背景的社区、参与文化活动、深入采访等。通过亲身体验和实地观察，学生可以更直观地感受不同文化的特点，加深对文化差异的理解和认识，这有助于培养学生的文化敏感性和跨文化交际能力。

（三）国际关系

国际关系学关注不同国家和地区之间的政治、经济和文化交流。在跨文化交际能力培养中，教师可以引导学生了解国际关系的基本概念和理论，掌握国际事务的背景和动态。学生需要了解不同国家之间的政治制度、经济体系和文化特点，以便在翻译和交流过程中更好地理解和解释相关信息。

1. 国际事务背景的引入

教师可以引导学生了解不同国家之间的政治制度、经济体系和文化特点，提供国际事务的背景知识。通过讨论国际组织、国际合作和全球议题等内容，学生能够更全面地理解国际环境对翻译和跨文化交际的影响。教师可以引导学生分析国际事务的动态和趋势，以便在翻译实践中更好地把握相关信息。

2. 跨文化政治与经济分析

国际关系学的政治和经济分析方法可以帮助学生理解不同国家之间的政治经济关系，以及这些关系对翻译和跨文化交际的影响。教师可以引导学生分析国际政治和经济事件的背景、动因和影响，培养学生的批判思维和分析能力。通过对跨文化政治和经济的深入理解，学生能够更准确地翻译和解释相关信息。

3. 文化冲突与解决策略

国际关系学关注文化之间的差异和冲突，教师可以引导学生学习产生文化冲突的原因和解决文化冲突的策略。学生需要了解文化差异对翻译和跨文化交际的影响，学会处理文化冲突的技巧。教师可以通过案例分析、角色扮演和讨论等方式，培养学生的跨文化沟通和解决冲突的能力。

4. 国际合作与交流的案例研究

通过国际关系学的案例研究，教师可以引导学生分析国际合作和交流的实际案例，如国际会议、国际组织合作等。学生可以从中了解不同国家间的合作方式、沟通策略和解决问题的方法。通过分析这些案例，学生可以掌握跨文化交际中的实际应用技巧，并将其运用到翻译教学实践中。

5. 跨学科研究和论文撰写

在教学模式与实践中，教师可以引导学生开展跨学科研究和论文撰写。学生可以选择跨文化交际领域相关的主题，综合运用语言学、社会学、人类学和国际关系学等多个学科的理论和方法，深入研究和分析。通过撰写论文，学生可以培养批判性思维、研究能力和学术写作技巧，进一步提升在跨文化交际能力培养中的综合素养。

总结起来，通过将国际关系学与英语翻译教学相融合，教师可以引导学生从国际事务背景、跨文化政治经济分析、文化冲突解决策略、国际合作案例等多个角度开展学习和实践。这种跨学科融合的教学模式能够帮助学生更全面地理解和应用英语翻译技能，在跨文化交际中更加灵活和有效地运用所学知识和技巧。

第三节　教师角色与能力培养

教师在跨文化交际能力培养视域下的英语翻译教学中起着至关重要的角色，不仅是知识传授者，更是引导者、激励者和培养者。教师的角色应当与教学目标相一致，并具备相关的能力有效地培养学生的跨文化交际能力。

一、教师的角色

（一）指导者和引导者

教师在跨文化交际能力培养中扮演着指导者和引导者的角色，应当引导学生了解不同的文化背景、语言和社会规范，并帮助学生理解和适应跨文化交际中的挑战和困惑。教师可以通过讲解、示范、案例分析等方式，指导学生掌握有效的翻译技巧和跨文化交际策略。

1.引导学生了解不同的文化背景

教师作为指导者，应当引导学生深入了解不同的文化背景，包括了解不同国家和地区的语言、历史、文化、社会习俗和价值观等方面的知识。教师可以通过讲解和示范，向学生介绍不同文化之间的差异和共同点，帮助他们建立跨文化的认知框架。例如，教师可以介绍中国和西方国家在礼仪、社交习惯和沟通方式上的差异，使学生对跨文化交际的复杂情况有更清晰的认识。

2.培养学生跨文化的敏感性

指导学生培养跨文化敏感性是教师的重要任务之一。教师可以通过引导学生参与跨文化交流、开展文化观察和分析，以及开展角色扮演和案例讨论等活动，帮助学生意识到自己文化的局限性，并尊重和理解他人的文化背景。教师可以鼓励学生关注文化差异带来的沟通障碍和误解，并教授相应的解决策略，如主动倾听、观察非语言行为、使用恰当的语言和表达方式等，以提高学生在跨文化交际中的适应能力。

（二）激励者

教师应当激励学生对跨文化交际的学习产生浓厚的兴趣和积极的动力，通过引入有趣的教学资源、开展启发性的讨论和活动，以及赋予学生一定的自主学习权利，激发学生的学习兴趣和主动性；还可以通过与学生的良好互动和积极反馈，增强学生的自信心和学习动力。

1.激励者的角色

（1）引入有趣的教学资源

作为激励者，教师应当努力引入有趣的教学资源，以激发学生对跨文化交际的兴趣。教师可以利用多媒体技术、音视频资料、真实案例等丰富的教学资源，让学生在学习过程中充分感受到不同文化间的魅力和吸引力。例如，通过播放有趣的文化视频、讲述跨文化交际的成功案例，教师可以帮助学生建立起对跨文化交际的好奇心和向往感，从而激发积极主动地参与学习的兴趣。

（2）开展启发性的讨论和活动

教师还可以通过开展启发性的讨论和活动，激发学生对跨文化交际的思考和探索；通过提出具有挑战性和启发性的问题，引导学生思考和讨论，促使学生从不同角度思考跨文化交际中的问题和挑战。此外，还可以组织学生参与跨文化交际的模拟活动、角色扮演等，让学生亲身体验和感受跨文化交际的真实情境，从而激发对学习的兴趣和动力。

（3）赋予学生自主学习权利

激励者的角色还包括赋予学生一定的自主学习权利。教师应当鼓励学生参与学习过程的决策和规划，让学生在学习中体验到自主性和主动性。例如，教师可以让学生深入研究感兴趣的主题，或者让学生自己决定学习的节奏和方式。通过给予学生自主学习权利，教师可以增强学生的学习动力和责任感，使其更加主动地参与学习过程，并在跨文化交际能力培养中更加积极主动地探索和学习。

（4）与学生的良好互动和积极反馈

激励者的角色还包括与学生的良好互动和积极反馈。教师应当积极与学生互动，倾听他们的想法和意见，给予鼓励和支持。通过与学生的有效沟通和互动，可以建立良好的师生关系，增强学生的学习动力和归属感。此外，教师还应当及时给予学生积极的反馈，肯定他们的努力和进步，并指出需要改进的地方。通过积极的反馈，教师可以激发学生的自信心和学习动力，使他们更加坚定地投入学习中。

2.激发学习兴趣的方法

（1）设计情境化学习环境

教师可以通过设计情境化的学习环境，激发学生的学习兴趣。例如，教师可以设计一些真实的跨文化交际情景，让学生在这些情景中开展角色扮演和翻译实践，从而使学生能够身临其境地感受到跨文化交际的挑战和乐趣。情境化学习环境可以让学生更加主动地参与学习，增强学习动力和兴趣。

（2）引入个人化学习资源

教师可以根据学生的个人兴趣和需求，引入个人化的学习资源，激发他们的学习兴趣。例如，教师可以鼓励学生选择深入研究自己感兴趣的跨文化主题，并提供相关的学习资源和指导。个人化学习资源能够满足学生的学习需求，让学生在学习过程中更加投入和积极。

（3）探索多元文化的魅力

教师应当引导学生探索多元文化的魅力，增加对跨文化交际的好奇心和兴趣。教师可以引导学生阅读文化差异、多元文化交流的案例和研究成果，让学生了解不同文化间的丰富性和独特性。通过展示多元文化的魅力，教师可以激发学生对跨文化交际的兴趣，促使更加主动地探索和学习。

（4）培养实用性技能和策略

教师应当注重培养学生实用性的翻译技能和跨文化交际策略，使学生能够在实际交流中应用所学的知识和技巧。通过示范和实践的方式，教授学生有效的翻译方法和跨文化交际策略，并帮助学生将其应用到实际情境中。当学生能够在实际交流中取得良好的效果时，就会对自己的学习充满信心，从而激发学习兴趣和动力。

（5）培养自主学习能力

教师应当培养学生的自主学习能力，让他们能够主动探索和学习跨文化交际的知识和技能。教师可以鼓励学生主动阅读相关的跨文化交际文献和研究成果，参与相关的讨论和研究项目，培养学生的自主学习意识和能力。通过培养自主学习能力，学生能够在学习中保持持久的兴趣和动力，不断提升自己的跨文化交际能力。

教师在跨文化交际能力培养中扮演着激励者。通过引入有趣的教学资源、开展启发性的讨论和活动，赋予学生自主学习权利，并与学生良好互动和提供积极反馈，激发学生对跨文化交际的学习兴趣和动力。同时，教师还可以通过创设情境化学习环境、引入个人化学习资源，探索多元文化的魅力，培养实用性技能和策略，以及培养自主学习能力等方法，进一步激发学生的学习兴趣和积极性。教师的激励和激发学习兴趣的作用不仅能够提高学生的学习效果，还能够培养学生的跨文化交际能力，使其能够在现实生活中更好地应对跨文化交流的挑战。

（三）评估者和反馈者

教师应当扮演评估者和反馈者的角色，及时评估学生的学习进展并提供有效的反馈。通过形成性评估和终结性评估，教师可以了解学生的学习情况和需求，并根据评估结果给予针对性的指导和建议。教师的反馈应当具有指导性和鼓励性，帮助学生发现自身的优势和改进的方向，促进其在跨文化交际能力培养中不断提升。

1.形成性评估

教师可以通过形成性评估，即在学习过程中开展的评估，了解学生的学习情况和需求。形成性评估可以采用多种方式，如课堂小组讨论、作业评价、口头表达和翻译实践等。教师可以通过观察学生的表现、听取他们的意见和观点，并开展个别或集体反馈，帮助学生发现自己的优势和改进的方向。通过及时的形成性评估，教师能够根据学生的实际情况灵活地调整教学，提供个性化的指导和支持。

2. 终结性评估

终结性评估是总结和评价学习成果的过程。教师可以通过期末考试、项目报告、口头演讲和翻译实践等方式开展终结性评估。终结性评估可以全面地评估学生在跨文化交际能力方面的掌握程度，反映他们的学习成果和进步状态。通过终结性评估，教师可以评价学生的整体表现，并为学生提供进一步的学习建议和发展方向。

3. 有效的反馈

教师的反馈应当具有指导性和鼓励性，帮助学生认识到自身的优势和改进的空间，激发他们在跨文化交际能力培养中的积极性。反馈可以包括口头反馈、书面评价和个别指导等形式。教师应当给予具体而明确的反馈，指出学生在翻译准确性、文化适应能力、语言流畅性等方面的表现，并提供具体的改进建议和实用策略。此外，教师还应当鼓励学生从反馈中积极学习和成长，提供学习资源和机会，让学生能够主动反思和提升自己的跨文化交际能力。

通过形成性评估和终结性评估，教师能够全面了解学生的学习情况，并为他们提供有针对性的指导和支持。评估的目的不仅在于评价学生的学习成果，更重要的是帮助学生发现自身的潜力和不足，促使他们在跨文化交际能力培养中不断提升。

二、教师的能力培养

（一）跨文化素养

教师应当具备较高的跨文化素养，包括对不同文化之间的理解和尊重、对跨文化交际挑战的敏感度以及对跨文化沟通策略和技巧的掌握。教师可以通过深入研究不同文化背景、参与跨文化交流和互动，以及与具有跨文化经验的专业人士交流合作，提升自身的跨文化素养。跨文化素养的提升可以帮助教师更好地理解学生的文化背景和需求，并在教学中灵活应对不同文化背景下的教学挑战。

学习和研究不同文化。教师应当投入时间和精力学习和研究不同文化，包括了解各个文化的历史、价值观、传统、社会习俗等方面的知识。教师可以通过阅读相关的书籍、参加跨文化研讨会和培训，以及研究文化研究领域的学术论文，增强对不同文化的认知和理解。通过深入研究不同文化，教师可以更好地理解学生的文化背景和需求，从而更有针对性地指导教学。

增强文化敏感度。教师需要培养自己的文化敏感度，以更好地应对跨文化交际中的挑战。文化敏感度包括对语言、价值观、社会习俗、非语言表达方式等的敏感和理解。教师可以通过观察和分析不同文化之间的交流方式和行为模式，学习如何避免文化冲突和误解，以及如何适应和融入不同文化环境。在教学中，教师应该引导学生尊重和理解不同文化，提倡跨文化交际的和谐与有效性。

参与跨文化交流和互动。教师可以积极参与跨文化交流和互动，与来自不同文化背景的人交流合作。这可以通过参加国际研讨会、学术交流活动、国际志愿者项目等实现。通过与不同背景的人交流和合作，教师可以积累跨文化交际的经验，了解不同文化的工作方式、沟通方式和决策方式。这样的经验可以帮助教师更好地应对跨文化交际教学中的挑战，并为学生提供更为准确和有效的指导。

开展跨文化教育活动。教师可以积极组织和参与跨文化教育活动，包括组织文化交流活动、国际学生交流项目、跨文化合作项目等，以提升学生的跨文化素养。通过这些活动，学生能够亲身体验不同文化的特点和魅力，增强跨文化意识和理解。教师可以引导学生在活动中积极参与、主动交流，并帮助他们反思和总结跨文化交际的经验和教训。

通过学习和研究不同文化、增强文化敏感度、参与跨文化交流和互动、开展跨文化教育活动，教师能够提升自身的跨文化素养，为学生的跨文化交际能力培养提供有力支持和指导。

（二）语言专业知识

教师作为翻译教学的主导者，应当具备扎实的语言专业知识，需要深入了解源语言和目标语言的语法、词汇、语义等方面的知识，并能够灵活运用这些知识开展翻译教学。教师还应当持续更新自己的语言知识，关注语言发展的新趋势和变化，以便为学生提供最准确、流畅的翻译指导。

1.深入了解源语言和目标语言

教师应当深入研究和了解源语言和目标语言，包括对语言的语法结构、词汇用法、句子构成和语义等方面的知识。教师需要掌握源语言和目标语言的特点和规律，并能够准确理解和运用这些知识开展翻译教学。

研究语言的语法结构。教师应深入了解源语言和目标语言的语法结构，包括了解各种句型和语法规则，如主谓宾结构、被动语态、条件句等。通过深入了解语法结构，教师能够在翻译教学中更好地解读和分析句子，从而能够更准确地将源语言的语义转化为目标语言。

掌握词汇用法和搭配。词汇是语言的基本组成部分，教师应深入了解源语言和目标语言的词汇用法和搭配规则，包括了解词义的多义性和上下文的影响，以及词汇之间的固定搭配和惯用表达。通过掌握词汇的用法和搭配，教师能够在翻译教学中选择最合适的词汇，并确保翻译的准确性和流畅性。

理解句子构成和语义。教师需要深入理解句子的构成和语义，包括了解句子成分之间的关系和连接方式，理解修饰语、状语和从句等语法结构的功能和作用。同时，教师应对语义的细微差别和语境的影响有清晰的认识，以便在翻译教学中能够准确地传达源语言的意思。

2.熟悉语言技巧和表达方式

教师需要熟悉各种语言技巧和表达方式，包括词汇选择、句式转换、语境适应等，应当了解不同语言之间的差异和特点，掌握如何在翻译过程中准确传达源语言的意思，并确保目标语言的表达自然、流畅。

词汇选择与语义准确性。教师需要具备广泛的词汇知识，并能够根据上下文和语境选择最准确、最合适的词汇进行翻译。不同语言之间存在着差异和文化背景的影响，因此，教师应当在翻译教学中注重语义的准确性，避免词义的模糊和歧义。

句式转换与语法准确性。句式转换是翻译中常用的技巧之一，教师应当了解不同语言之间的句式结构差异，并能够灵活运用转换技巧。这包括主动语态和被动语态的转换、从一种语言的复杂句结构转换为简单句结构等。同时，教师需要确保翻译后的句子在目标语言中具备正确的语法准确性。

语境适应与文化转换。语境适应是指在翻译过程中考虑到不同的语境和文化因素，以确保目标语言的表达自然、通顺。教师需要了解不同文化背景下的习惯用语、成语、谚语等，以及不同语境下的表达方式和礼貌用语。通过适当的文化转换，教师能够在翻译教学中避免文化障碍和交流误解。

3. 持续学习和更新知识

语言是不断发展和变化的，教师需要持续学习和更新语言知识，了解语言发展的新趋势和变化。教师可以通过参加专业培训、研讨会、学术会议等活动，与语言学者和专业人士交流，阅读相关的学术文献和研究成果，以保持对语言的敏感度和了解。

参加专业培训和研讨会。教师可以定期参加专业培训和研讨会，这些活动为教师提供了与其他语言专业人士交流和分享经验的机会。通过参与这些活动，教师可以了解最新的研究成果、教学方法和技术应用，更新自己的知识储备，并将这些新的发现和实践经验应用到翻译教学中。

学术会议和论文阅读。教师应当关注学术会议和学术期刊，定期阅读与语言学和翻译教学相关的研究论文和文章。学术会议和期刊是学者们交流和分享最新研究成果的平台，通过阅读这些学术资源，教师可以了解前沿的研究领域和趋势，不断更新自己的语言知识。

追踪语言发展的新趋势。教师应当积极追踪语言发展的新趋势和变化，包括了解新词汇的出现和流行、新的语言用法和表达方式的出现等；通过阅读报纸、杂志、网络媒体等广泛的阅读材料，关注社交媒体的语言使用和近期的流行用语，以及参与语言社群的讨论，了解当代语言使用的变化和特点。

4. 强化语言应用能力

教师需要通过大量的语言实践强化自己的语言应用能力，包括积累大量的词汇和短语，阅读丰富的文献和材料，观看电影和听取音频资料，开展口语练习和写作训练等。教师应该注重语言的实际运用，以提高自己的语感和语言表达能力。

积累词汇和短语。教师应该积极积累丰富的词汇和短语，这是语言应用的基础。教师可以通过阅读各种类型的文献和材料，包括新闻、小说、学术文章等，扩大自己的词汇量。同时，教师还可以利用词汇学习工具和技术资源，如词典、词汇卡片等，开展系统性的词汇学习和记忆。

阅读与听力训练。阅读和听力是语言应用的重要方面，对教师来说尤为重要。教师应该广泛阅读各类英语文献和材料，如报纸、杂志、学术期刊、网络文章等，以提高自己的阅读理解能力和语言输入量。同时，教师也应该多听取英语的音频资料，如新闻广播、纪录片、英语播客等，以提升自己的听力技能和语音感知能力。

观看电影和视频。通过观看英语电影、纪录片和其他视频资源，教师可以接触到自然、流畅的英语口语表达，并学习不同场景和情境下的语言使用。这有助于教师培养自己的口语表达能力、语调和语音语调。

口语练习和写作训练。教师应该积极参与口语练习和写作训练。口语练习可以通过与他人英语对话、参加语言交流活动、加入口语俱乐部等方式实现。写作训练可以通过写日记、翻译练习、写作指导和反馈等提升教师的写作技巧和表达能力。

5. 学习专业翻译知识和技能

除了语言基础知识，教师还应当学习专业翻译知识和技能，包括了解翻译的原理和方法，熟悉翻译工具和技术，了解翻译领域的专业术语和规范，掌握翻译实践中的常用策略和技巧。

翻译原理和方法。教师需要学习翻译的原理和方法，了解翻译的基本概念和理论，包括掌握不同类型的翻译方法，如直译、意译、文化调整等，以及在具体翻译任务中的应用。教师还需要了解翻译过程中的常见问题和挑战，并学习解决这些问题的策略和技巧。

翻译工具和技术。随着技术的发展，翻译工具和技术在翻译实践中发挥着越来越重要的作用。教师应该熟悉常用的翻译软件和工具，如计算机辅助翻译（CAT）工具、术语管理工具等，学习如何正确使用这些工具提高翻译效率和质量。此外，教师还可以了解机器翻译和自然语言处理等相关技术的应用，以便将其纳入教学实践中。

专业术语和规范。不同领域的翻译涉及大量的专业术语。教师应该学习并掌握与自己所教领域相关的专业术语，了解其在源语言和目标语言中的对应关系和使用方法。此外，教师还应该熟悉翻译行业的规范和标准，如 ISO 17100 国际翻译服务质量标准，以确保自己的翻译教学符合行业要求。

第五章　跨文化交际能力培养视域下的英语翻译教学评价体系

第一节　教学评价的理论基础

一、教学评价的重要性

教学评价在教育过程中具有重要的作用，它可以帮助教师了解学生的学习状况、发现问题和改进教学。在跨文化交际能力培养视域下的英语翻译教学中，评价能够检验学生的语言翻译能力、文化转换能力以及其在实际情境中的应用能力。同时，评价还可以帮助学生认识自己的学习进展、发现不足之处，并为进一步的学习提供指导。

（一）检验学习成果和能力发展

评价可以帮助教师了解学生在语言翻译和文化转换方面的学习成果和能力发展情况。通过评价学生的翻译作品、口头表达和实践能力，教师可以判断学生对语言转换和文化转换的掌握程度，以及其在实际情境中应用这些能力的水平。评价的结果可以反映学生在课程中取得的进步，帮助教师了解教学效果，及时调整教学策略，进一步提升学生的跨文化交际能力。

1. 检验学习成果和能力水平

评价的重要作用之一是检验学生在语言翻译和文化转换方面的学习成果和能力水平。通过评价学生的翻译作品、口头表达和实践能力，教师可以全面了解学生的知识掌握程度和应用能力。评价结果能够客观地反映学生对不同语言和文化之间的转换能力，包括词汇运用、语法准确性、语篇连贯性以及对文化差异的理解和应对能力。通过评价，教师可以对学生的学习成果有一个明确的了解，同时也为学生提供了一个衡量自身能力的参考标准。

2. 指导教学和调整策略

评价结果对教师来说是宝贵的信息来源，能够帮助教师了解自己的教学效果并提供针对性的指导。教师可以根据评价结果，识别学生在语言翻译和文化转换方面存在的问题和困难，针对性地提供反馈和建议。通过评价结果，教师可以了解学生在不同技能和能力上的优势和不足，从而调整教学策略，有针对性地设计教学活动和任务，以促进学生的进一步发展。评价结果还可以为教师提供教学改进的依据，帮助优化教学内容、教学方法和教学资源，提高教学质量和效果。

3. 激发学生的学习动力和发展潜能

评价在英语翻译教学中还能够激发学生的学习动力和发展潜能。学生在接受评价的过程中能够清楚地了解自身的学习状况和进步情况，从而增强学习的自信心和动力。评价结果可以帮助学生认识自己的优势和不足，有针对性地制订学习目标和计划，并努力提升自己在语言翻译和文化转换方面的能力。同时，评价结果还可以为学生提供具体的反馈和建议，帮助他们理解自身在跨文化交际能力方面的发展方向和改进点，激发学习动力和积极性。

此外，评价结果还能够为学生提供具体的发展路径和学习建议。通过评价，学生可以了解到自身在语言翻译和文化转换方面的强项和薄弱项，并根据评价结果制订个性化的学习计划，有针对性地培养自己的跨文化交际能力。评价结果可以帮助学生认识到自身在语言运用、文化理解和适应等方面的不足，进而寻找相应的学习资源和提升机会。通过积极参与评价过程，学生可以更好地规划自己的学习路径，实现个人能力的持续发展。

（二）发现问题和改进教学

评价可以帮助教师发现学生在语言翻译和文化转换过程中存在的问题和困难。通过评价学生的作业、演讲和模拟对话等，教师可以发现学生常犯的语言错误、文化误解或应对挑战的困难。这些问题和困难的发现可以指导教师调整教学内容和方法，针对性地提供辅导和指导，帮助学生克服困难，提高语言翻译和文化转换的能力。

1. 发现学生的语言错误和问题

评价可以帮助教师及时发现学生在语言翻译过程中的问题。通过检查学生的翻译作品、口头表达和交流，教师可以识别学生常见的语法错误、词汇选择不当或语言表达不准确等问题。这些问题的发现可以指导教师针对性地提供语言辅导和纠正，帮助学生加强语言基础，提高翻译的准确性和流畅性。

2. 揭示学生的文化误解和挑战

评价还可以帮助教师发现学生在文化转换方面存在的误解。在跨文化交际中，不同的文化背景和价值观可能导致学生对文化差异的理解不准确或存在偏见。通过评价学生的文化调研、情景模拟和文化解读作业，教师可以了解学生在文化转换中遇到的困难和挑战，发现学生对特定文化观念的误解或难以适应的情况。教师可以针对性地开展文化解释、文化讨论和情境训练，帮助学生理解不同文化之间的差异，提高跨文化交际能力。

3. 调整教学内容和方法

评价结果的反馈可以帮助教师及时调整教学内容和方法，以满足学生的学习需求。通过评价发现学生的问题和困难后，教师可以调整课程，加强相关知识和技能的教学，设计更具挑战性和实用性的练习和任务，以帮助学生解决问题和克服困难。教师还可以根据评价结果调整教学策略，采用更多互动式、情境化的教学方法，促进学生在实际交际情境中运用所学知识和技能。

（三）激发学生的学习动力和自我反思能力

评价可以激发学生的学习动力和自我反思能力。通过评价学生的表现，学生可以了解自己的优点和不足之处，进而意识到自己的学习需要和改进方向。评价的结果可以为学生提供明确的反馈，帮助他们认识自己的学习进展，增强自信心，并激发学习兴趣和动力。同时，评价还可以培养学生的自我反思能力，使他们能够独立地分析和评估自己的学习成果，进一步提升学习效果。

1. 激发学生的学习动力

评价可以激发学生的学习动力，使其保持积极的学习态度和投入程度。当学生意识到自己的学习成果将被评价和记录时，他们会有责任感和动力，更加努力地学习和提升自己的能力。评价结果可以成为一种外部的激励机制，激发学生的自觉学习行为和目标导向，促使他们更加专注和努力地参与教学活动。

2. 提供明确的反馈

评价可以为学生提供明确的反馈，帮助他们认识自己的学习进展和成绩水平。通过评价结果，学生可以了解自己在语言翻译和文化转换方面的优点和不足之处。积极的评价反馈可以增强学生的自信心，鼓励他们继续努力并相信自己的潜力。同时，评价还可以指导学生明确自己的学习需求和改进方向，帮助他们有针对性地制订学习计划和目标。

3. 培养学生自我反思能力

评价可以培养学生的自我反思能力，使他们成为能够独立分析和评估自己的学习成果。通过评价过程，学生可以思考自己在语言翻译和文化转换中取得的进步和遇到的困难，并深入分析背后的原因和解决方法。学生可以学会自我评价和自我调整，通过反思和自我纠正提升自身的学习效果。这种自我反思能力将对学生的学习产生持续的积极影响，使他们能够更加自主地管理和推动自己的学习。

（四）促进教师和学生的互动与合作

评价可以促进教师和学生之间的互动与合作。在评价过程中，教师与学生沟通和交流，共同探讨学习成果和问题，并寻找解决方案。评价在跨文化交际能力培养视域下的英语翻译教学具有重要的作用。通过评价，教师可以了解学生的学习成果和能力发展情况，发现问题并改进教学方法，激发学生的学习动力和自我反思能力，促进教师与学生的互动与合作。

1. 促进师生互动

评价过程为教师和学生提供了互动的机会。教师可以通过评价结果提供反馈或与学生讨论，共同探讨学习成果和问题。教师可以向学生提供指导和建议，鼓励他们提出疑问和观点，促进彼此思维的碰撞。这种互动可以加强师生之间的沟通和理解，建立起积极的学习氛围。

2. 共同解决问题

评价可以作为教师和学生共同解决问题的桥梁。通过评价过程中的反馈和讨论，教师可以发现学生在语言翻译和文化转换中遇到的问题和困难。教师与学生可以共同思考解决方案，讨论有效的学习策略和方法。教师可以提供指导和建议，而学生则可以分享自己的经验和见解。这种合作解决问题的过程不仅促进了学生的学习，也加强了师生之间的合作关系。

3. 个性化教学

评价结果可以帮助教师更好地了解学生的学习需求和个性特点，从而实施个性化教学。通过评价，教师可以获得关于学生的学习风格、优势和困难等信息，进而调整教学内容和方法，更好地满足学生的学习需求。教师可以给学生提供一对一的反馈和指导，根据学生的特点提供针对性的教学建议和支持，帮助他们更好地发展跨文化交际能力。

二、评价理论基础

（一）多维度评价

跨文化交际能力包含多个方面，如语言能力、文化知识、跨文化意识和沟通能力等。因此，评价应该是多维度的，不仅仅关注学生的语言水平，还考查他们在跨文化交际中的综合能力。评价方法可以包括口语表达能力的评估、书面翻译的评估、情景模拟的评估等。

1. 语言能力评价

语言能力是跨文化交际能力的基础，因而在评价中应评估学生的语言水平。评价可以包括听力、口语、阅读和写作等方面。通过听力和口语测试，可以检验学生对语音、语调和语速的理解能力，以及他们口语表达和听力理解的能力。阅读和写作方面的评价可以考查学生的词汇量、语法准确性和写作流畅度。

2. 文化知识评价

文化知识是跨文化交际能力的重要组成部分。评价应该考查学生对源语言和目标语言文化的了解程度，包括社会习俗、价值观念、礼仪规范等方面。通过文化知识的评价，可以了解学生对不同文化的理解程度，以及他们是否能够将文化因素考虑到翻译和交际中。

3. 跨文化意识评价

评价跨文化交际能力还应关注学生的跨文化意识。跨文化意识指学生对不同文化之间的差异性和相似性的认识，以及对自身文化的反思和理解。评价可以通过提供跨文化场景和情境，观察学生在处理文化差异时的反应和表现，以评估他们的跨文化意识水平。

4. 沟通能力评价

沟通能力是跨文化交际能力的核心，评价应该考查学生在实际情境中的沟通能力。情景模拟和角色扮演是评价学生沟通能力的有效方法。教师可以设计情境，引导学生运用语言翻译和文化转换技巧交际，观察他们的语言流畅度、交际策略和对文化差异的处理能力。

（二）综合评价

综合评价是结合不同评价指标和方法，全面评估学生的能力。在跨文化交际能力培养视域下的英语翻译教学中，综合评价可以通过考查学生的语言技能、文化意识、跨文化沟通和翻译能力等方面评估他们的整体表现。教师可以利用不同的评价工具，如考试、作业、项目报告和口头演讲等，收集学生的综合信息。

1. 多维度的评价

跨文化交际能力培养视域下的英语翻译教学强调培养学生的语言技能、文化意识、跨文化沟通和翻译能力等多个方面的能力。传统的单一评价方法难以全面评估学生在这些方面的综合表现。因此，综合评价成为必要的评价方式，以便全面了解学生的能力水平和发展。

2. 教育评价理论的支持

综合评价的理论基础可以得到教育评价理论的支持。形成性评价理论认为评价应该是一个持续的过程，强调对学生的反馈和指导。综合评价正是体现了形成性评价的思想，通过多个评价指标和方法，帮助学生了解自己的学习进展并提供改进的方向。

3. 基于能力观的评价

综合评价基于能力观，注重评价学生的综合能力而非单一的知识掌握。在跨文化交际能力培养中，学生需要综合运用语言、文化和沟通技巧等多个方面的能力。综合评价可以全面考查学生在各个能力维度上的表现，帮助他们提升综合的跨文化交际能力。

（三）自我评价和同伴评价

除了教师的评价，学生的自我评价和同伴评价也具有重要的意义。学生可以通过自我评价反思自己的学习过程、发现自己的不足，并制订下一步的学习计划。同时，同伴评价可以帮助学生从不同的角度获得反馈，促进彼此之间的学习和进步。这种互动式的评价可以培养学生的自主学习能力和团队协作能力。

1. 自我评价的意义

自我评价是指学生反思和评估自己的学习过程、学习成果以及学习策略的过程，能够帮助学生主动发现自己的学习优势和不足，加深对自己的认识，并促进个人学习目标的制订和达成。自我评价使学生成为对自己学习负责的主体，激发自主学习意识。

在跨文化交际能力培养视域下的英语翻译教学中，学生可以通过自我评价审视自己的语言翻译水平、文化适应能力和跨文化交际技巧等方面。通过思考自己在不同情境下的表现，评估自己的语言流利度、准确性和语用运用等方面的能力，并提出自己的改进计划。自我评价还能够帮助学生认识到自己的学习动机和目标，以及实现这些目标所需的努力和措施。

2.同伴评价的意义

同伴评价是指学生之间相互评价和给予反馈的过程，通过促进学生之间的交流和合作，为学生提供多元化的观点和建议，从而促进彼此之间的学习和进步。同伴评价不仅有助于学生从不同的角度审视自己的学习成果和表现，还能够培养他们的批判性思维、分断能力和沟通技巧。

在跨文化交际能力培养视域下的英语翻译教学中，同伴评价可以运用于各种学习活动和任务中。学生可以相互审查和评价彼此的翻译作品、口头演讲或团队合作项目等。通过同伴评价，学生可以分享彼此的观点和经验，发现自己在语言表达、文化理解和跨文化沟通等方面的不足，并从同伴的反馈中获得改进的建议和指导。同伴评价不仅可以帮助学生发现自己在语言翻译准确性、流畅性和文化适应能力等方面的问题，还能够提供新的思路和解决方案。通过相互交流和反馈，学生可以共同探讨和解决问题，促进彼此之间的学习成长和进步。

三、评价方法和工具

（一）书面翻译评价

通过给学生提供一篇需要翻译的文本，评估他们在语言转换和文化转换方面的能力。评价可以包括翻译的准确性、流畅性、语言表达能力以及对文化差异的处理能力等。可以使用评分表或标准化的评价标准评分。

1.评价内容

书面翻译评价主要关注学生在翻译过程中的语言表达能力、翻译准确性和对文化差异的处理能力。

（1）翻译准确性

评估学生对原文的准确理解程度以及能否将其准确转化为目标语言表达。考查学生对语法、词汇和语义的准确运用，包括词语选择、句子结构、语义转换等。

（2）流畅性与语言表达能力

评估学生的语言表达流畅程度和语言表达能力。考查学生在翻译过程中的句法结构、篇章连贯性、词汇运用和修辞手法等方面的表现，以及能否在翻译中保持目标语言的自然表达。

（3）文化适应能力

评估学生在翻译中对文化差异的处理能力。考查学生是否能够准确理解原文中的文化含义、隐含信息和文化背景，并将其适当地转换为目标语言的表达。评价还可以关注学生对文化因素在翻译中的重要性的认识和处理能力。

2.评价方法

（1）评分表

设计评分表或评价标准，根据翻译准确性、流畅性和文化适应能力等方面制订评分维度和评分标准。教师可以根据评价标准对学生的翻译打分，评估其表现并提供具体的反馈。

（2）标准化评估

为了提高评价的客观性和可比性，可以使用标准化的评估方法。例如，可以选取一些范文或专家翻译作为参考，与学生的翻译对比评估，从而更加客观地评价学生的翻译质量。

（3）评价说明

评价说明是书面翻译评价中的重要组成部分，它可以帮助学生理解评价结果，并提供具体的反馈和建议。

翻译准确性评价。评价说明可以指出翻译中存在的错误或不准确之处，并解释为什么这些地方被认为是错误或不准确的。教师可以提供具体的语言问题，如词汇选择不当、语法错误、语义偏差等，并提供示例和解释帮助学生理解问题所在。

流畅性与语言表达能力评价。评价说明可以指出句子结构不通顺、语言表达不自然、篇章连贯性不强等问题，并给予具体的例子和建议，如调整句子结构、改进词汇选择、增加过渡词等，以提高语言表达的流畅性和自然度。

文化适应能力评价。评价说明可以指出学生在翻译中对文化差异的处理不足之处，并提供具体的案例和解释。教师可以帮助学生理解原文中的文化含义和背景，并给出建议，如对比文化差异、提供背景信息、适当运用目标语言的文化表达等，以提升学生的文化适应能力。

（二）口头表达评价

通过口头演讲、角色扮演或模拟对话等形式，评估学生在跨文化交际中的口语表达能力。教师可以评估学生的语音语调、词汇运用、流利度和交际效果等方面。

1.评价内容

口头表达评价主要关注学生的口语能力和交际能力。

（1）语音语调

评估学生的语音语调是否准确、流利和自然。考查学生的发音、语调、语速等方面的表现，以及是否能够使用正确的重音、语调和节奏传达信息。

（2）词汇运用

评估学生的词汇丰富程度和词汇运用能力。考查学生是否能够选择恰当的词汇表达意思，以及是否能够使用词汇实行语义转换和表达细化。

（3）流利度

评估学生的口语流利度和表达连贯性。考查学生的语句衔接是否流畅，是否能够正确使用过渡词和连接词，以及是否能够避免语法错误和断句不当等问题。

（4）交际效果

评估学生在交际中的效果和能力。考查学生是否能够准确理解对话的语境和意图，是否能够灵活运用社交策略和交际技巧，以及是否能够与他人有效交流和互动。

2. 评价方法

（1）口头演讲

要求学生根据特定主题或任务口头演讲。教师可以评估学生在演讲中的语音语调、词汇运用、流利度和交际效果等方面的表现，并提供具体的反馈和建议。

（2）角色扮演

要求学生在模拟情境中扮演特定角色开展对话交流。教师可以评估学生在角色扮演中的语音语调、词汇运用、流利度和交际效果，并针对不同角色的交际需求给予具体的反馈。

（3）模拟对话

要求学生参与模拟对话，以实际的交际情境口头表达。教师可以评估学生在对话中的语音语调、词汇运用、流利度和交际效果，并提供具体的反馈和建议。教师可以模拟真实的交际场景，如商务会议、旅行导引、日常对话等，以评估学生在实际交际中的口语表达能力。

（4）评分标准

针对口头表达评价，可以设计评分标准或评价维度，以帮助教师评估学生的表现。评分标准可以包括语音语调的准确性、词汇运用的丰富程度、流利度和交际效果等方面。教师可以根据评价标准给学生的口语表达打分，并提供具体的评估结果。

（三）作业和项目评价

通过给学生布置独立完成的作业或团队项目，评估他们在语言翻译和文化转换方面的能力。作业和项目可以包括文本翻译、文化解读、文化补充或省略的实践等。

1. 作业评价

作业评价是通过学生完成特定的任务或问题，评估他们在语言翻译和文化转换方面的能力。

（1）文本翻译

教师可以提供一篇或多篇需要翻译的文本，要求学生准确、流畅地翻译。评价可以侧重于翻译的准确性、表达的流畅性、语法和语言规范的正确性等方面。

（2）文化解读

教师可以选择一些与跨文化交际相关的文本，要求学生解读其中的文化内涵和背景。学生需要理解文化差异对翻译过程的影响，并实行适当的文化转换。

（3）文化补充或省略

教师可以要求学生在翻译过程中开展文化补充或省略的实践。学生需要根据目标语言和目标文化的需求，判断何时需要补充文化细节，何时可以省略一些文化特点，以实现有效的跨文化交际。

作业评价的优点是能够让学生独立思考和实践，培养自主学习能力和问题解决能力。同时，教师可以通过评阅作业，全面评估学生的表现，并及时给予具体的反馈和指导。

2.项目评价

项目评价是通过组织学生开展团队合作的项目，评估他们在语言翻译和文化转换方面的能力。

（1）跨文化翻译项目

教师可以组织学生分组，要求各小组合作完成一项跨文化翻译项目。项目可以是对一篇复杂文本的翻译，或是对一组相关文本的翻译和整合。学生需要协作解决语言和文化方面的问题，并提供一致而准确的翻译成果。

（2）跨文化交际模拟项目

教师可以设计跨文化交际模拟项目，让学生在虚拟或真实的情境中扮演特定角色，开展跨文化交际实践。例如，学生可以扮演商务谈判的角色，在模拟的商业环境中开展跨文化谈判。在项目中，学生需要运用英语翻译和文化转换的技巧，与他人有效沟通和协商。

（3）文化调研项目

教师可以要求学生深入调研和分析一个特定的文化主题或领域。学生需要翻译相关的文献资料、采访当地人、收集文化资料等，以展示对文化的理解和转换能力。项目可以包括撰写综合报告、展示演讲或设计跨文化交际方案等。

项目评价的优点是能够培养学生的团队合作能力、问题解决能力和创新思维能力。通过团队合作，学生能够共同面对挑战、协商解决问题，并从彼此的经验和观点中获得反馈和启发。教师可以观察和评估学生在项目中的表现，包括语言翻译的准确性、团队合作的效果、文化转换的策略等，并提供相应的评价和指导。

通过书面翻译评价、口头表达评价和项目评价等多种评价工具和方法的综合运用，教师可以全面、多角度地评估学生的语言翻译能力、文化转换能力和跨文化交际能力。这种综合评价能够帮助学生认识自己的学习进展和不足之处，并为进一步提高和发展提供指导和支持。同时，评价过程中的自我评价和同伴评价也能够培养学生的自主学习能力、反思能力和团队合作能力。因此，综合评价方法和工具在跨文化交际能力培养视域下的英语翻译教学评价中具有重要的理论基础和实践意义。

第二节 跨文化交际能力培养视域下的英语翻译教学评价体系构建

在跨文化交际能力培养视域下的英语翻译教学中，评价是关键的一环，旨在全面评估学生的语言翻译能力、文化转换能力和跨文化交际能力。为了构建有效的评价体系，教育者和研究者们需要关注评价目标的明确性、评价内容的多样性以及评价方法的科学性。

一、评价目标的明确性

（一）跨文化交际能力培养目标的设定

评价体系的构建应始于明确的跨文化交际能力培养目标。这些目标包括语言翻译的准确性、文化转换的能力、跨文化沟通的效果等方面。明确的目标能够指导评价内容和方法的选择。

1. 语言翻译的准确性

语言翻译的准确性是评价学生在翻译过程中的核心要素之一。这一目标关注学生是否能够准确地将源语言的信息转化为目标语言，确保翻译结果与原文在语义、语法和词汇等方面保持一致。评价方法可以通过比较原文和译文的准确性，检查语法结构、词汇选择和句子通顺性等指标。

2. 文化转换能力的差异性

文化转换能力是指学生在翻译过程中处理源语言和目标语言之间的文化差异。评价学生的文化转换能力需要考查他们是否理解源语言和目标语言之间的文化背景、隐含意义和社会习惯，并将其转化为适合目标语言和文化环境的表达方式。评价方法可以通过检查译文中对文化特征的恰当运用、对文化隐喻的解读和对文化差异的处理等评估。

3. 跨文化沟通的效果

跨文化沟通的效果是评价学生在翻译中是否能有效地传递和交流信息的重要指标。这一目标关注学生是否能适应不同的文化背景，使用适当的语言和交际策略与目标语言读者有效沟通。评价方法可以通过评估学生的语用能力、交际效果和对目标语言受众的考虑程度等评估。

在设定这些跨文化交际能力培养目标时，需要注意目标之间的关联性和层次性。语言翻译的准确性是跨文化交际能力培养的基础，而文化转换的能力和跨文化沟通的效果则是在此基础上的延伸和提升。目标之间的层次性关系有助于学生逐步提高自己的能力，并提升评价体系的连贯性和完整性。

（二）跨学科目标的融合

跨文化交际能力的培养需要综合多个学科领域的知识和技能。评价体系应该融合语言学、文化学、社会学等多个学科的目标，确保评价的全面性和综合性。

1. 语言学目标的融合

语言学目标涉及学生对语言系统的理解和应用能力。在评价体系中，可以考查学生在翻译过程中对语言的准确运用、语法结构的正确性、词汇选择的恰当性等。此外，还可以评估学生对不同语言层次（音素、词汇、句法、语义等）的理解和运用能力，以及对语言变异和语用规则的掌握程度。

2. 文化学目标的融合

文化学目标关注学生对不同文化背景和社会习惯的理解和应用能力。在评价体系中，可以考查学生对原文和译文中的文化特征、文化隐喻和文化差异的处理能力。评价时可以关注学生对文化背景知识的掌握程度，对文化隐喻和象征的理解能力，以及对跨文化交际中的文化适应和文化转换能力。

3. 社会学目标的融合

社会学目标关注学生对社会和人类行为的理解和应用能力。在评价体系中，可以考查学生对翻译文本中的社会背景、社会关系和社会习惯的把握能力。评价时可以关注学生对社会文化因素对翻译过程和结果的影响的认识程度，以及对不同社会语境下语言使用规范和行为准则的理解和应用能力。

在融合这些学科目标时，评价体系需要确保目标之间的协调。语言学目标为学生提供语言技能和工具，文化学目标为学生提供文化背景和意识，社会学目标为学生提供社会和人类行为的认知。这些目标相互交织、相互促进，使学生能够全面发展并在跨文化交际中胜任。

二、评价内容的多样性

（一）语言翻译能力的评价

评价体系应该包括对学生语言翻译能力的评估，包括词汇运用、语法准确性、语篇连贯性等方面，可以通过书面翻译、口译演练等形式开展评价。

1. 词汇运用的评价

词汇是语言翻译的基础，评价学生的词汇运用能力可以通过词汇的准确性、丰富性和恰当性衡量。评价者可以关注学生在翻译中是否准确选择了适当的词汇，并能够灵活运用同义词、近义词、反义词等表达不同的含义。

2. 语法准确性的评价

语法是语言翻译中不可忽视的重要因素，评价学生的语法准确性可以从句子结构、时态、语态等方面考查。评价者可以关注学生在翻译过程中是否能够正确运用语法规则，避免出现语法错误和句子不通顺的情况。

3. 语篇连贯性的评价

语篇连贯性是评价学生翻译能力的关键之一，它涉及学生是否能够正确理解原文的逻辑结构，并将其转化为准确、连贯的目标语表达。评价者可以关注学生在翻译过程中是否把握原文的语义关系，采用适当的衔接词、短语和句型，确保翻译的连贯性和流畅性。

（二）文化转换能力的评价

评价体系应考查学生在文化转换方面的能力，包括对文化差异的理解和跨文化交际策略的运用。可以通过文化调研、情景模拟等形式开展评价。

1. 文化差异的理解

评价学生对文化差异的理解需要考查他们对不同文化背景下的价值观、信仰、社会习俗等方面的理解程度。

（1）文化知识测试

考查学生对多个文化背景的基本知识，如历史、宗教、社会制度等方面的了解。评价者可以提供一组选择题或填空题，测试学生对不同文化的了解程度。

（2）文化分析论文

要求学生深入研究一个特定文化，并撰写论文。评价者可以通过论文的质量、内容的广度和深度评估学生对该文化的理解。

（3）文化差异讨论

组织学生参与小组讨论或辩论，探讨不同文化之间的差异和相似之处。评价者可以观察学生的参与度、对他人观点的理解和批判性思维能力，以评估对文化差异的理解程度。

2.跨文化交际策略的运用

评价学生的跨文化交际策略运用涉及他们在实际交际中是否能够运用有效的沟通策略和技巧。

（1）观察真实交际

评价者观察学生在真实跨文化交际场景中的语言表达、非语言行为和社交策略。通过观察学生与来自不同文化背景的人交流的方式，评价者可以判断学生是否能够运用有效的跨文化交际策略。

（2）模拟跨文化交际活动

组织模拟跨文化交际活动，如角色扮演、情景模拟等，评估学生在模拟情境中的沟通效果。评价者可以观察学生是否能够采取适当的语言和行为，以及是否能够解决跨文化交际中的障碍和冲突。

（3）跨文化交际策略分析报告

要求学生撰写关于跨文化交际策略的分析报告。学生可以选择一个具体的跨文化交际场景，分析其中存在的挑战和问题，并提出适合的交际策略和解决方案。评价者可以通过评估报告的内容和逻辑性，评估学生对跨文化交际策略的理解和应用能力。

（三）跨文化交际能力的评价

评价体系应重视学生的跨文化交际能力，包括跨文化意识和文化敏感度和语言和交际技巧等方面，可以通过口头表达、角色扮演、团队合作项目等形式评价。

1.文化意识与文化敏感性

评价学生的文化意识和文化敏感性是了解他们对不同文化背景和价值观的认知和尊重程度。

（1）文化教育项目

组织学生参加文化教育项目，如参观博物馆、文化展览等。评价者可以观察学生对展示的文化内容的兴趣、理解程度和反思程度。

（2）文化观察报告

要求学生深入观察一个特定文化群体或国家，并撰写观察报告。评价者可以通过报告的内容、观察的细节和对文化差异的分析评估学生的文化敏感性。

（3）文化对话任务

组织学生参与跨文化对话任务，要求他们与来自不同文化背景的同伴交流和合作。评价者可以观察学生在对话中是否能够展示出对文化差异的理解和尊重，以及是否能够灵活适应不同文化的交际方式和行为准则。

2.语言和交际技巧

评价学生的语言和交际技巧是考查他们在跨文化交际中使用英语的能力和效果。

（1）口语表达评估

通过开展跨文化角色扮演或情景模拟活动，评价学生在口语表达方面的能力。评价者可以观察学生的语音语调、语法准确性、词汇选择和语篇连贯性等方面，以评估他们在跨文化交际中的语言流利度和准确性。

（2）写作能力评估

要求学生撰写跨文化交际相关的写作作品，如交际场景对话、文化冲突解决方案等。评价者可以评估学生的写作技巧、语言表达和文化适应能力，以及对文化转换的理解和运用。

（3）语言应对任务

组织学生参与语言应对任务，如跨文化谈判、演讲等。评价者可以观察学生在实际语言应对任务中的表现，评估他们是否能够恰当的运用语言策略和交际技巧，以实现有效的跨文化交际。

三、评价方法的科学性

（一）综合评价方法的运用

评价体系应采用综合评价方法，结合不同的评价方法和工具，以全面评估学生的能力。综合评价方法可以包括定性评价和定量评价相结合，通过多个角度和多个层面收集评价数据。

1.定性评价方法

定性评价方法侧重于描述和理解学生的表现和能力，并提供对学生综合素质的主观评估。

（1）个案研究

通过深入观察和分析个别学生的翻译作品和表现，了解他们在语言翻译和文化转换方面的能力和特点。

（2）反思报告

要求学生撰写关于自己的翻译过程和策略的反思报告，从中了解学生对自身能力和改进方向的认识。

（3）小组讨论和互评

学生在小组中讨论和互相评价，分享彼此的翻译经验和策略，增进对跨文化交际能力的理解。

通过定性评价方法可以深入了解学生的认知过程、学习策略、问题解决能力等方面，从而提供更全面和更详细的评价。

2.定量评价方法

定量评价方法侧重于量化和比较学生表现，并使用统计分析工具开展数据处理和解读。

（1）评分表和评分标准

设计详细的评分表和评分标准，根据特定的评价指标对学生的翻译作品评分，以量化评价结果。

（2）测验和考试

设计针对语言翻译和文化转换能力的测验和考试，通过统计分析学生的成绩，量化他们的能力水平。

（3）问卷调查

设计针对学生的自我评价和意见反馈的问卷调查，采用统计方法分析和总结结果。

定量评价方法提供了可比较的数据，并可以用于评估学生的相对能力和成绩排名。同时，还可以帮助教师改进课程和调整教学策略。

（二）评价工具的选择

针对不同的评价内容，选择适合的评价工具。例如，针对语言翻译能力的评价可以使用书面翻译、口译演练、语言测试等工具；针对文化转换能力的评价可以使用文化调研、情景模拟、文化解读作业等工具；针对跨文化交际能力的评价可以使用口头表达、角色扮演、团队合作项目等工具。评价工具的选择应考虑其有效性、可靠性和客观性。

（三）评价标准的建立

为了使评价结果具有可比性和客观性，需要建立清晰明确的评价标准。评价标准应基于评价目标，并具有明确的维度和描述性的等级划分。标准的建立可以依据专业标准、语言规范、文化背景等因素。

1.评价目标的反应

评价标准应直接关联到设定的评价目标，确保评价的准确性和有效性。每个评价目标可以进一步细化为多个评价标准，以便评估学生的不同方面。

2.维度的确定

评价标准可以涵盖不同的维度，如语言准确性、语言流利度、文化转换能力、跨文化沟通效果等。每个维度都代表了评价的一个方面，使得评价的结果更全面、更具体。

3. 描述性等级划分

评价标准应采用描述性的等级划分，以便在评价过程中能够具体描述学生的表现。等级划分可以包括不同层次的能力表现，如优秀、良好、中等、及格等，或者使用具体的指标和描述区分不同水平。

4. 参考专业标准和语言规范

评价标准的建立可以参考相关的专业标准和语言规范，如翻译行业的标准要求、语言学的规范等。这些标准和规范能够提供行业认可的参照，确保评价标准的科学性和可靠性。

5. 文化背景的考量

评价标准应考虑学生所处的文化背景和跨文化交际的需求。不同文化背景可能对语言和交际方式有不同的要求，因而评价标准应该能够反映学生在跨文化交际中的适应能力和文化转换的水平。

评价标准的建立需要综合考虑上述因素，并经过反复验证和修订，确保其科学性和有效性。同时，评价标准应尽可能具体明确，以便评价者能够根据标准准确地评价和反馈。此外，评价标准的建立也需要教师团队专业知识和经验的支持，可以采用专家讨论、同行评审等方式，以确保评价标准的合理性和准确性。

第三节　教学反思与实践

教学反思与实践在跨文化交际能力培养视域下的英语翻译教学评价体系中起着关键作用，涉及教师对教学过程和教学效果的思考和总结，以及对教学方法和策略的调整和改进。通过不断的反思和实践，教师能够提高自己的教学水平，有效地培养学生的跨文化交际能力。

一、教学反思的意义

（一）教学反思全面客观评估教学过程与效果

通过反思，教师可以回顾和分析每一堂课的教学活动、学生的学习反映和成果，了解教学的优势和不足。这种全面的评估有助于教师认识到自身在知识传授、技能培养和跨文化意识培养方面的表现，进而为改进教学提供基础。

1. 回顾教学活动

教学反思使教师能够回顾每堂课的教学活动，包括教材的选择和使用、教学方法和策略的运用，以及学生参与和互动的程度。通过回顾教学活动，教师可以了解哪些教学方法和策略在培养学生的跨文化交际能力方面效果显著，哪些需要调整和改进。同时，教师还可以评估教材的适应性，确定是否需要补充或调整教材内容，以更好地满足学生的学习需求。

2. 分析学生的学习反应和成果

教学反思还包括分析学生的学习反应和成果。教师可以观察学生在课堂上的参与程度、理解能力和表达能力，了解他们对所学知识和技能的掌握程度。此外，教师还可以通过作业、测验和考试等形式评估学生的学习成果。通过分析学生的学习反应和成果，教师可以判断教学是否有效，是否需要调整教学方法或提供额外的辅导和支持，以便更好地促进学生跨文化交际能力的培养。

3. 评估教学的优势和不足

教学反思使教师能够客观评估教学的优势和不足之处。教师可以通过分析教学过程和学生的学习情况，确定教学中成功的方面和有待改进的方面。例如，教师可能发现自己在某些教学技巧或跨文化教育方面表现出色，而在其他方面可能存在不足之处，如教学材料的多样性和实际应用的缺乏。通过评估教学的优势和不足，教师可以针对性地改进自己的教学策略，进一步提升教学质量和效果。

4. 为改进教学提供基础

教学反思为改进教学提供了基础。通过全面客观地评估教学过程和效果，教师可以识别教学中存在的问题和不足。这些问题可能涉及教学内容的组织和呈现方式、学生的参与程度、评估方法的有效性等。教师通过反思，可以深入分析这些问题的原因，并找到解决问题的途径和策略。例如，如果教师发现学生对某个跨文化概念的理解较为困难，可以思考调整教学方法，增加实例分析和案例讨论，以帮助学生更好地理解和应用该概念。因此，教学反思为教师改进教学提供了具体的方向和方法。

（二）教学反思帮助教师发现教学中存在的问题和挑战

通过反思，教师能够深入分析学生的学习情况、教材的适应性、教学方法的有效性等方面的问题。教师可以通过自我观察、学生反馈和学业表现等多种渠道获取信息，了解学生在语言翻译和文化转换中的困难和误区。这些发现有助于教师针对性地调整和改进自己的教学策略，更好地满足学生的学习需求。

1. 分析学生的学习情况

教学反思通过观察学生的学习情况，包括学习动力、参与度、理解能力等方面的表现，帮助教师了解学生在跨文化交际能力培养方面存在的困难和误区。教师可以通过课堂观察、学生作业和测验的分析等手段获取学生的反馈和表现数据。例如，教师可能发现学生在理解特定文化背景下的语言表达或翻译中存在困难，或是在运用文化转换策略时出现了误解。通过分析学生的学习情况，教师可以针对性地调整教学内容和方法，提供更加有针对性的指导。

2. 评估教材的适应性

教学反思还包括对教材的评估，以确定教材在培养学生跨文化交际能力方面的适应性。教师可以审查教材中的案例、文本和任务，评估其是否能够帮助学生理解和应用不同文化背景下的语言和翻译要素。通过对教材的评估，教师可以发现教材中可能存在的缺陷或不足之处，如文化差异的覆盖不全或是缺乏真实场景的模拟。教师可以根据评估结果，选择合适的教材或适当地调整和补充现有教材，以提升教学的质量和效果。

3. 评估教学方法的有效性

教学反思还包括对教学方法和策略的评估，以确定其对学生跨文化交际能力培养的有效性。教师可以回顾教学过程中采用的不同方法，如小组讨论、案例分析、角色扮演等，评估其对学生的学习和跨文化意识培养的影响。教师可以考虑一些问题，如学生是否能够积极参与，是否能从教学方法中获得实际的应用能力，是否能够在真实的跨文化交际情境中运用所学的知识和技能。通过评估教学方法的有效性，教师可以确定哪些方法对学生的学习和跨文化交际能力培养最为有效，哪些方法可能需要调整或替代。教师可以尝试引入新的教学方法或结合多种方法，以更好地激发学生的学习兴趣，提高他们的跨文化交际能力。

4. 解决问题

教学反思帮助教师发现教学中存在的问题和挑战，并寻找解决方案。通过深入分析教学过程中的问题，教师可以识别出导致学生困惑或学习困难的因素，如语言障碍、文化差异等。教师可以与学生交流和沟通，倾听他们的意见和反馈，以了解他们的需求和困难，并提供相应的帮助和支持。此外，教师还可以利用专业资源和学术研究成果，不断探索和学习最新的教学理论和方法，以应对教学中的挑战。

通过全面客观地评估教学过程和效果，教师可以发现教学中存在的问题和挑战，并采取相应的措施和策略解决这些问题，提升教学效果。教学反思还能够促进教师的专业发展，增强学生的学习动力和兴趣，培养学生的跨文化交际能力。因此，教学反思与实践对提高英语翻译教学的质量和效果具有重要的意义。

（三）教学反思有助于提高教师的教学质量和效果

通过反思，教师可以深入思考教学目标、内容和方法，提升教学的科学性和有效性。教师可以通过反思发现自己在教学中的不足之处，如教材选用不当、教学组织不够合理等，进而有针对性地改进和优化教学方案。这样不断地反思和改进过程有助于教师提高教学水平，提供更优质的教学服务，为学生的跨文化交际能力培养打下坚实基础。

1. 发现教学中的不足之处

教学反思使教师能够审视自己在教学过程中可能存在的不足之处。教师可以通过反思识别出自己的弱点和教学中存在的问题，如教学目标设定不明确、教学内容难以理解、教学方法单一等。这样的认识有助于教师认清自身的教学局限，并找到改进的方向。

2. 改进和优化教学方案

通过反思，教师能够有针对性地改进和优化教学方案。教师可以分析教学过程中出现的问题，并寻找解决问题的方法和策略。例如，如果发现教材选用不当导致学生学习困难，教师可以重新评估和调整教材的内容和难度，以更好地满足学生的学习需求。教师还可以探索新的教学方法和教学工具，以提供更多样化和有效的教学体验。

3. 提高教师的教学水平

教学反思是教师专业成长和发展的关键环节。通过反思，教师可以不断提高自身的教学水平；可以借助反思的机会，深入研究教学理论和教学方法，了解最新的教育研究成果，并将其应用到实际教学中；还可以寻求同行的反馈和建议，参加教师培训和专业交流活动，以拓宽教学视野，增加教学技能和知识储备。

4. 提供优质的教学服务

通过教学反思，教师能够不断提高教学质量，为学生提供优质的教学服务。教师可以通过反思了解学生的学习需求和特点，根据学生的实际情况调整教学方法和策略，以确保教学的针对性和有效性；还可以关注学生的学习进展，并根据学生的反馈和表现及时调整和指导，从而促进学生的学习成长和跨文化交际能力的培养。

二、教师反思的途径和方法

（一）个人思考

个人思考是教师反思最直接和常见的途径。教师可以利用个人思考，回顾自己的教学过程，分析学生的学习反应和成果，思考教学中遇到的问题和困难。

1. 回顾教学过程

教师可以通过个人思考回顾每节课的教学过程，包括教学准备、教学环节、学生互动和教学资源的使用等。教师可以思考自己在教学过程中的表现，是否能够清晰地传递知识和技能，是否能够激发学生的学习兴趣和积极性。同时，教师也可以思考是否能够充分利用教学时间，是否能够合理安排教学内容和活动。

2. 分析学生学习反应和成果

教师可以分析学生的学习反应和成果，包括学生对教学内容的理解程度、学习动机和参与度等。教师可以分析学生是否能够积极参与课堂讨论和活动，是否能够应用所学的知识和技能解决实际问题。同时，教师也可以通过学生的作业和考试成绩评估学生的学习成果。

3. 思考教学中的问题和困难

教师可以思考在教学中遇到的问题和困难。例如，教师可以思考学生在跨文化交际能力培养方面可能遇到的困难和误区，教师自身在教学中的挑战和不足。这种深入思考可以帮助教师识别问题的根源，从而寻找解决问题的方法和策略。

（二）观察学生学习情况

教师可以通过观察学生的学习表现和行为，了解他们在语言翻译和跨文化转换中的困难和误区，从而反思自己的教学方法和策略。

1.学习态度和参与度

观察学生的学习态度和参与度是教师反思中重要的一环，它能提供有关学生学习情况的直接反馈信息。学生的学习态度和参与度直接影响着对学习的投入程度、对教师的信任和尊重程度，以及对课程内容的理解和应用能力。

（1）学习态度的观察

教师可以通过观察学生的行为和言行，判断他们对学习的态度。

（2）参与度的观察

参与度是学生在课堂中参与学习活动和讨论的程度。教师可以观察学生是否主动提问、回答问题，是否与同学互动交流，是否参与小组活动和角色扮演等。参与度高的学生在课堂中展示出积极的学习态度，愿意分享自己的观点和经验，积极参与团队合作，与同学开展有效的学习互动。而参与度较低的学生可能表现为缺乏发言和互动，对学习活动持消极态度，对课堂内容表现出较低的兴趣和投入。

（3）学习困难和挑战

观察学生在学习过程中遇到的困难和挑战，能帮助教师了解学生的学习需求和问题所在。教师可以观察学生在面对难题时的应对方式，是否能够主动寻求帮助和解决问题。同时，观察学生对跨文化交际能力培养的反应，是否能够理解和应用所学的文化知识和翻译技巧。

2.学习成果和表现

观察学生的学习成果和表现是教师反思中至关重要的一环。通过观察学生的口语表达能力、翻译准确性和跨文化意识的体现，教师可以评估学生在跨文化交际能力培养方面的进展，并及时调整教学策略和方法以促进学生的学习。

（1）口语表达能力的观察

教师可以通过课堂讨论、口头报告、角色扮演等活动，观察学生的口语表达能力。口语表达能力强的学生能够流利、准确地表达自己的观点和意见，运用适当的语言表达技巧，能够有效地与他人交流和互动。而口语表达能力较弱的学生可能面临词汇和语法的限制，表达不够流畅、准确或不够自信。

（2）翻译准确性的观察

在英语翻译教学中，观察学生的翻译准确性是重要的评估指标。教师可以通过课堂作业、翻译练习和考试等方式，观察学生在翻译过程中的准确性。准确的翻译表明学生对语言知识和文化背景的理解准确，并能够将其转化为准确的翻译结果。而翻译准确性较低的学生可能存在词汇选择、语法结构、用语规范等方面的困难，需要进一步指导和练习。

（3）跨文化意识的观察

观察学生对跨文化交际能力的理解和应用情况，可以帮助教师评估他们的跨文化意识的发展程度。跨文化意识是指学生对不同文化间差异的认识和理解，以及在实际交际中运用文化知识和技巧的能力。教师可以通过观察学生在跨文化交际活动中的表现，包括对文化差异的理解、对文化冲突的应对方式、对文化多样性的尊重等方面开展评估。

3. 学习困难和误区

观察学生在语言翻译和文化转换过程中可能遇到的困难和误区，如词汇理解、语法应用、文化差异的理解等。教师可以通过观察学生的错误模式、提问和讨论的情况了解这些问题，并针对性地调整教学。

（1）词汇理解和应用困难

学生在翻译过程中可能遇到词汇的多义性、隐含意义以及特定语境下的词汇选择等问题。他们可能会选择不准确的翻译词或无法准确理解原文中的词汇含义。此外，在运用词汇时也可能出现使用不当、搭配错误等现象。

（2）语法应用困难

学生在翻译过程中可能会遇到语法结构的困难，包括时态、语态、虚拟语气等。他们可能在语法应用上出现错误，导致翻译结果不准确或不通顺，也可能在语法结构的转换和调整上遇到困难，难以在两种语言之间实现准确的语法转换。

（3）文化差异理解困难

学生在跨文化交际中可能面临文化差异的理解困难。他们可能无法准确把握不同文化之间的习惯、价值观和隐含规则，导致在翻译过程中产生文化冲突或误解；也可能不熟悉特定文化背景下的用语规范和社交礼仪，难以实现准确的语言转换和交际。

（4）学习策略和方法误区

学生可能存在学习策略和方法的误区，影响学习效果和进展。例如，他们可能过分依赖字面翻译，忽视了语言的灵活性和文化的特点；可能没有充分利用语言资源和辅助工具，缺乏积极的学习策略和自主学习能力。此外，还可能在学习中缺乏持续的反思和自我评估，无法及时发现和纠正自己的错误。

（三）与同事的交流

教师可以与教学团队中的其他教师交流，分享教学经验、问题和挑战，从中获得反馈和建议。同事间的互动和合作可以促进教师之间的共同学习和成长，激发创新和改进的灵感。交流的方式可以包括课堂观摩、教学研讨会、定期教学经验分享等。

1. 课堂观摩

教师可以互相邀请观摩课堂，以便了解彼此的教学方法和风格。通过观摩他人的课堂，教师可以发现不同的教学技巧和策略，借鉴他人的成功经验，并反思和改进自己的教学。

（1）开展互动和合作

课堂观摩提供了教师之间的互动和合作的机会。教师可以邀请同事们观摩自己的课堂，同时也可以观摩同事的课堂。在观摩的过程中，教师们可以相互交流和讨论，分享教学经验和问题，共同探讨教学策略和方法。这种互动和合作可以促进教师之间的共同学习和成长，激发创新和改进的灵感。

（2）发现新的教学技巧和策略

通过观摩他人的课堂，教师可以发现新的教学技巧和策略。每个教师都有自己独特的教学风格和方法，通过观摩他人的课堂，可以开拓自己的教学思路，了解不同的教学方式，并从中汲取启示。教师可以观察同事们在教学中的表现，包括课堂组织、教学内容的选择和呈现、学生互动等方面，从中发现适合自己的教学技巧和策略，丰富自己的教学工具箱。

（3）反思和改进教学实践

课堂观摩是教师反思和改进教学实践的重要途径之一。通过观摩他人的课堂，教师可以比较自己的教学与他人的差异，发现自身在教学中可能存在的盲点和不足。在观摩过程中，教师可以提出问题和疑虑，与同事深入讨论，共同寻找解决方案。通过这样的反思和讨论，教师能改进自己的教学实践，提高教学质量和学生的学习效果。

（4）培养专业共同体

课堂观摩可以帮助教师建立专业共同体。教师们可以通过观摩彼此的课堂，深化彼此之间的了解和信任，形成一个密切合作和互相支持的教育团队。通过课堂观摩，教师们能够更好地理解彼此的教学理念和教育价值观，加强协作和合作，共同为学生的学习和成长提供更好的支持。

2. 教学研讨会

教学研讨会是一种集体讨论和分享教学经验的平台。教师可以组织或参加教学研讨会，就特定的教学主题或问题展开讨论，并与同事交流意见和建议。这种互动和合作可以促进教师之间的共同学习和成长，推动教学方法的创新和改进。

（1）促进教师之间的交流和合作

教学研讨会为教师提供了一个共同的平台，使他们能够分享教学经验、探讨教学问题，并寻求解决方案。教师们可以相互聆听和学习，通过分享自己的成功经验和教学实践，以及互相提出问题和挑战，共同思考和讨论，从而促进彼此之间的交流和合作。

（2）丰富教学理念和方法的多样性

教学研讨会汇集了来自不同背景和专业领域的教师，他们可能有着不同的教学理念和方法。通过参与研讨会，教师们可以了解和学习不同的教学理念和方法，拓宽自己的教学视野。这种多样性可以为教师们提供更多的选择和启示，帮助他们发展出适合自己和学生的教学策略和方法。

（3）促进教学研究和创新

教学研讨会不仅是教师交流经验的场所，也是教学研究和创新的平台。教师可以在研讨会上分享自己的研究成果和教学实践，并得到同事们的反馈和建议。这种互动和讨论可以帮助教师进一步完善和改进自己的研究和创新项目，推动教学领域的发展。

（4）提供专业发展的机会

教学研讨会是教师专业发展的重要机会之一。通过参与研讨会，教师们可以更新自己的教学知识和技能，了解最新的教育理论和实践，与同行开展深入的学术交流，并通过专家的讲座和研讨会分享自己的专业见解和研究成果。这样的专业发展机会可以帮助教师不断提升自己的教学水平和专业能力，为学生的跨文化交际能力培养提供更好的支持。

3. 定期教学经验分享

教师可以定期组织教学经验分享会，邀请教学团队中的教师分享他们的教学经验和心得。这种分享会可以是面对面的讨论，也可以是撰写教学经验的分享文稿。通过分享自己的教学实践和思考，教师可以从同事的反馈和建议中获得启发，拓宽自己的教学视野。

（1）促进教师之间的交流与合作

定期的教学经验分享会为教师们提供了一个相互交流和分享的平台。教师们可以分享自己在教学过程中的成功经验、遇到的问题和挑战，以及对跨文化交际能力培养的实践心得。这种交流与合作可以促进教师之间的相互学习和成长，激发创新和改进的灵感。通过分享经验，教师们可以借鉴他人的教学方法和策略，探索更有效的教学方式。

（2）提供反馈与建议的机会

定期的教学经验分享会为教师们提供了接受反馈和建议的机会。在分享会上，其他教师可以提出问题、提供观点和建议，帮助分享者深入思考和反思自己的教学实践。这种互动与反馈可以帮助教师发现自身教学中可能存在的盲点和改进的空间，从而促进教学质量的提升。

（3）多样化的分享形式

定期教学经验分享可以采用多种形式，如面对面的小组讨论、研讨会、教学分享报告等。教师们可以根据具体情况选择适合的分享方式。此外，还可以鼓励教师编写教学心得、经验分享文稿，形成教学资源库。这样的分享形式可以使教师们更深入地思考和总结自己的教学实践，并为其他教师提供具体的教学案例和借鉴方法。

（4）引入专家分享

在定期的教学经验分享中，还可以邀请教育专家或相关领域的专业人士分享他们的研究成果和教学经验。专家分享不仅可以为教师们带来新的教学理念和方法，还可以促进教师与专业界的交流与合作，拓宽教师的教育视野。

4. 合作教学项目

教师可以与同事合作开展教学项目，共同设计和实施课程。通过合作教学，教师可以相互借鉴和补充，共同解决教学中的难题，且能够互相观察和评估彼此的教学效果。这种合作不仅促进了教师之间的交流与合作，还可以提供新的教学思路和方法。

（1）共同设计和实施课程

合作教学项目提供了教师们共同设计和实施课程的机会。教师们可以集思广益，相互借鉴和补充自己的教学思路和方法，从而共同打造一门丰富有趣、适应学生需求的课程。

通过合作设计和实施课程，教师们可以结合各自的专长和经验，创造出更具实效和创新性的教学活动和评价方式，提高学生的跨文化交际能力。

（2）共同解决教学中的难题

在合作教学项目中，教师们可以面对共同的教学难题和挑战，共同探索解决方案。通过相互协作和交流，教师们可以汇集各自的智慧和经验，找到更有效的教学策略和方法。合作解决问题不仅可以提高教师们的教学质量，还可以增强团队合作能力和创新思维，为学生提供更好的教育体验。

（四）阅读教育专业文献

阅读教育专业文献对教师反思和实践同样具有重要意义。教师可以阅读与英语翻译教学、跨文化交际能力培养等领域相关的学术论文、教材和研究报告，从中获取理论支持和实践经验。通过学习和借鉴他人的研究成果，教师可以加深对教学问题的理解，发现新的教学策略和方法，并将其运用到自己的教学实践中。

1. 深入理解教学问题

通过阅读教育专业文献，教师可以深入理解和分析教学问题。文献中的理论框架、研究方法和实证结果可以帮助教师审视自己的教学实践，并思考和分析其中的问题和挑战。教师可以从文献中获得新的视角和观点，认识到自己在教学中可能存在的盲点和偏见。

2. 发现新的教学策略和方法

教育专业文献中涵盖了各种教学策略和方法的研究成果。通过阅读这些文献，教师可以了解不同的教学策略和方法，并思考如何将其应用到英语翻译教学中。这些策略和方法可能涉及课堂教学、学习活动设计、评估方式等方面，可以帮助教师更好地引导学生培养跨文化交际能力和提高翻译的准确性。

3. 提升教学质量和创新能力

教育专业文献反映了教学领域的前沿研究和最新发展。通过阅读这些文献，获取教学改进的启示，教师可以保持教学知识的更新和教育理念的创新，不断提升自己的教学质量和创新能力。此外，文献的阅读也可以激发教师的研究兴趣和思维，促进其积极参与教育领域的学术研究和专业发展。

4. 跨学科交叉与理论支持

教育专业文献往往涉及多个学科领域的研究成果和理论观点。通过阅读这些文献，教师可以了解到其他学科领域对英语翻译教学和跨文化交际能力培养的理解和研究。这种跨学科交叉有助于教师拓宽自己的知识领域，提供更全面和更多元的教学视角。同时，教育专业文献提供的理论支持可以帮助教师更好地理解教学现象和问题的本质，从而指导教学反思和实践。

教师反思的途径和方法多样，包括个人思考、观察学生学习情况、与同事的交流以及阅读教育专业文献。这些途径和方法有助于教师全面认识自己的教学实践，并促使其深入思考和调整教学目标、内容和方法，提高教学质量和效果，为学生的跨文化交际能力培养打下坚实的基础。通过持续的反思与实践，教师能不断提升自己的教学能力，为学生提供更优质的教学服务。

三、实践的重要性

教学反思与实践的有效结合也是提升教学质量和学生跨文化交际能力的关键。教师通过实践将反思的成果转化为行动，不断尝试、评估和调整新的教学方法和策略。实践可以帮助教师验证自己的思考和假设，发现教学过程中的问题和挑战，并及时采取改进措施。同时，实践也提供了与学生互动的机会，教师可以在实践中观察学生的学习反应、收集反馈意见，并根据实际情况调整。实践的过程中，教师需要保持开放的态度和持续的反思能力，勇于尝试新的教学方法和策略，但同时也要及时地评估和反思教学效果。教师可以借助学生的反馈意见、课堂观察和评价结果等判断教学的有效性，并针对问题和挑战相应地调整和改进。通过实践的循环过程，教师可以不断提升自己的教学能力和专业水平，为学生的跨文化交际能力培养提供更好的支持。

（一）验证理论和假设

实践为教师提供了验证理论和假设的机会。教师在实践中运用教学理论和方法，将其转化为具体的教学行动。通过实践，教师可以观察学生的反应和学习效果，验证自己的教学假设是否有效。实践的结果有助于教师调整和改进教学策略，以更好地促进学生的跨文化交际能力发展。

1. 将教学理论转化为实际教学行动

教师在教学过程中可以运用各种教学理论和方法，但只有通过实践才能将这些理论转化为具体的教学行动。实践帮助教师将抽象的教学理念和策略转化为切实可行的教学活动和评价方式。通过实践，教师能更好地理解和应用教学理论，逐步形成适合自己和学生的教学方法，促进学生跨文化交际能力的培养。

2. 观察学生反应和学习效果

在实践过程中，教师可以观察学生的反应和学习效果，以评估自己的教学效果。通过观察学生在实际学习中的表现，教师可以了解学生的学习进展和困难，判断教学方法的有效性，并及时调整教学策略。学生的反馈和学习效果可以作为验证教学假设的重要依据，指导教师优化教学过程，提升学生的跨文化交际能力。

3. 验证教学假设的有效性

教师在实践中能够验证自己的教学假设是否有效。教学假设是教师依据教学理论和经验做的预期，通过实践，教师可以观察学生的学习情况，了解教学策略的实际效果，并验证教学假设的有效性。如果实践结果与教学假设相符，教师可以确认自己的教学方法和策略是有效的；如果实践结果与教学假设不符，教师可以反思和调整自己的假设，寻找更适合的教学路径。

（二）发现问题和挑战

教师在实践中可能会遇到学生的困难、教学方法的局限性以及跨文化交际中的挑战。通过实践，教师能够及时发现这些问题，并深入分析其原因。这种问题意识和挑战意识促使教师不断寻求改进和创新的教学策略，以应对不同学生的需求和跨文化交际的复杂性。

1. 学生的困难

学生在学习英语翻译实践过程中会遇到各种困难。例如，可能存在语法和词汇的困惑，对跨文化交际的认识不足，或者缺乏实践应用的机会等。通过实践，教师能够与学生直接互动，观察和了解学生的学习情况，及时发现学生的困难。教师可以借助不同的教学方法和策略，针对学生的具体问题开展有针对性的教学，帮助学生克服困难，提高他们的跨文化交际能力。

2. 教学方法的局限性

在实践中，教师可能会发现自己选择的某些教学方法在实际教学中并不如预期有效。不同学生在跨文化交际能力培养方面具有差异性和复杂性，使得教师采用的教学方法并不适用于所有学生。通过实践，教师可以深入了解学生的需求和反馈，评估所使用的教学方法的效果，并及时调整和改进教学策略。教师可以尝试结合多种教学方法，根据学生的特点和需求开展个性化的教学，以提高学生的学习效果和跨文化交际能力。

3. 跨文化交际中的挑战

跨文化交际本身具有复杂性和多样性，教师在实践中会面临与学生来自不同文化背景和语言习惯相关的挑战。教师需要面对不同文化间的误解、沟通障碍和语言差异等问题。通过实践，教师可以积累丰富的经验，逐渐了解不同文化之间的差异，学会应对和解决跨文化交际中的挑战。教师可以通过提供跨文化案例和活动培养学生的跨文化意识，帮助他们在实际应用中更好地应对跨文化交际的挑战。

4. 分析问题的原因

在实践中，教师通过观察和反思自己的教学过程和学生的学习情况，可以深入分析问题的原因。教师可以思考教学过程中可能存在的教学环境、教材选择、教学方法等方面的因素，以及学生个体差异、文化背景等因素对学习的影响。通过仔细分析问题的原因，教师能够识别出问题的根源，并提出相应的解决方案。例如，如果学生在跨文化交际中出现的困难，教师可以探索引入更多真实情境的教学材料，提供跨文化交际技巧的训练等，以帮助学生克服难题。

5. 寻求改进和创新的教学策略

实践中发现的问题和挑战促使教师不断寻求改进和创新的教学策略。教师可以与同事交流，参加教学研讨会，分享经验和借鉴他人的成功实践。此外，教师还可以深入研究相关的教育文献和跨文化交际的理论，以拓宽自己的教学视野。通过反思和实践，教师可以积累经验，发展适合自己和学生的创新教学策略，提高教学质量和学生的跨文化交际能力。

教师通过实践，能够及时发现学生的困难、教学方法的局限性以及跨文化交际中的挑战，并通过分析问题的原因提供解决方案。这种问题意识和挑战意识促使教师不断寻求改进和创新的教学策略，以应对不同学生的需求和跨文化交际的复杂性。教师的实践经验和反思将为教学评价体系的完善和提升提供有力的支持。

（三）收集学生反馈和评估结果

实践为教师提供了与学生互动的机会，教师可以通过观察学生的学习反应、收集学生的反馈意见以及评估学生的表现了解教学效果。学生的反馈和评估结果是教师反思的重要依据，帮助教师了解自己的教学效果、学生的学习需求和问题所在。这些反馈和评估结果可以促使教师调整和改进教学，提高教学质量和学生的学习能力。

1. 观察学生的反应

通过实践，教师能够观察学生在学习过程中的反应和表现。教师可以留意学生的参与程度、兴趣度、理解能力以及对学习内容的掌握情况等。观察学生的学习反应有助于教师了解教学效果是否达到预期目标，是否能够激发学生的学习兴趣和积极性。通过观察学生的学习反应，教师可以判断自己的教学方法是否适合学生的学习风格和需求，以及是否需要调整和改进。

2. 收集学生的反馈意见

在实践中，教师可以主动向学生收集反馈意见，了解他们对教学的看法和体验。学生的反馈意见可以帮助教师了解自己的教学效果，从学生的角度评估教学质量。教师可以通过口头或书面形式的问卷调查、讨论或个别谈话等方式收集学生的反馈意见。学生的反馈可以涉及教学内容的难易程度、教学方法的有效性、教师的指导和激励等。这些反馈意见为教师提供了宝贵的信息，帮助他们了解学生的需求和问题，从而改进教学。

3. 评估学生的表现

在实践过程中，教师需要评估学生的学习成果。评估可以包括课堂表现、作业完成情况、考试成绩等。通过评估学生的表现，教师可以判断学生在跨文化交际能力培养方面的进展和成就。教师可以根据评估结果，分析学生的个别需求，发现他们的学习差距和困难，并采取相应的教学策略。同时，评估学生的表现也有助于教师评估自己的教学效果，发现自身的优势和改进的空间。

总之，教学反思与实践的有效结合可以帮助教师提升教学质量和学生的跨文化交际能力。教师通过实践将反思的成果转化为具体的行动，并通过实践的过程不断调整和改进自己的教学方法和策略。

第六章 跨文化交际能力培养视域下的英语翻译教学质量保障体系

第一节 英语翻译教学质量保障体系概述

翻译专业的教育目标是培养能适应全球经济一体化、提高我国国际竞争力、适应各领域建设需要的应用型翻译人才。鉴于翻译专业教育的专业性、实践性等特点，应用型翻译人才的培养离不开课堂教学的质量监控与保障。课堂是教师工作、学生学习的主阵地。课堂教学作为学校教育工作的中心环节和基本形式，是保证和提高教学质量的重中之重。良好的课堂教学效果是课外实践与应用的前提条件，有助于实现知识、能力和素质协同发展的人才培养目标，能够助力翻译专业毕业生以扎实的基础知识、过硬的基本技能以及较强的跨文化交际与沟通能力，满足市场对翻译人才的需求并胜任各个领域的翻译工作。

一、翻译课堂教学存在的主要问题

近年来，翻译专业教育取得了一定的成效，但总体上仍处于探索与改进阶段，也存在一些亟待解决的问题，尤其是课堂教学质量的问题。

（一）教学理念陈旧

一些翻译教师未学习过专业的翻译理论，能接触到实际翻译工作的机会较少，缺乏翻译实战经验，对翻译行业的了解有限，造成自身的翻译基础不够扎实，翻译素养不高，翻译能力不足。从长远看，教师片面甚至偏激的认识会在某种程度上影响翻译行业的发展。这样的教学理念导致翻译课堂讲授大多局限于照本宣科，翻译理论与实践出现脱节，甚至偏离课程性质而侧重于语法与词汇的解析，把翻译课上成精读课，难以拓展相关的翻译理论与实践技能，导致学生无法系统学习翻译专业知识，更无法有效运用于实际的翻译中。

1.翻译基础不够扎实

首先，教师的翻译基础不够扎实会影响对翻译核心概念和原则的准确理解。翻译是一门复杂的艺术和技能，涉及语言、文化、传达意义等多个方面。了解和掌握翻译的核心概念和原则对于准确传达信息、保持语义一致性以及解决文化差异等问题至关重要。然而，如果翻译基础不够扎实，教师可能无法清楚地解释这些核心概念和原则，也无法提供实际的案例和示范帮助学生理解和应用。

其次，教师的翻译技巧和策略可能受到限制，无法有效传授给学生。翻译技巧和策略是在实际翻译实践中积累和提炼出来的，能够帮助翻译者解决各种翻译难题，提高翻译质量和效率。然而，如果自身没有扎实的翻译基础，教师可能无法有效地传授这些技巧和策略给学生，使得学生在实际翻译任务中遇到困难时无法得到及时的指导和支持。

缺乏扎实的翻译基础还可能导致教师无法为学生提供个性化的指导和反馈。每个学生在翻译学习中都有自己的优势和劣势，可能面临不同的挑战和困惑。一个优秀的教师应该能够根据学生的特点和需求，提供个性化的指导和反馈，帮助他们克服困难并进一步发展。然而，如果自身的翻译基础不够扎实，教师可能无法准确地识别学生的问题和需要，也无法给学生提供有效的解决方案和指导，从而无法满足学生个性化学习的需求。

最后，缺乏扎实的翻译基础也会影响教师在课堂上的表现和自信心。当自身对翻译基础知识和技巧不够自信时，教师可能在教学中表现出犹豫和不确定的态度，无法给学生建立起信心和动力。学生需要有一个有能力、有经验的教师指导和激励他们，帮助他们建立对翻译学习的兴趣和热情，但如果教师的翻译基础不够扎实，就无法充分展现自己的专业知识和能力，也难以赢得学生的信任和尊重。

2. 翻译素养不高

由于教师对翻译行业的了解有限，所以翻译素养往往不够高。翻译素养包括对文化、语言、专业领域等方面的敏感度和理解能力，以及良好的判断力和决策能力。缺乏高水平的翻译素养使得教师无法真正培养学生在跨文化交际和翻译实践中的能力。

首先，教师翻译素养不高会影响他们对跨文化交际的理解和指导能力。翻译是一种跨越不同文化和语言背景的交际行为，翻译者需要具备对不同文化之间差异的敏感度和理解能力。然而，一些教师由于缺乏对多元文化的深入了解和体验，无法将这些跨文化要素融入教学中，无法引导学生在翻译实践中正确处理文化差异，导致学生在实际应用中面临困惑和挑战。

其次，翻译素养不高会影响教师对语言细微差异的把握能力。翻译不仅仅是简单的语言转换，更需要敏锐地捕捉语言的细微差异和语境的变化。教师翻译素养不高意味着他们对语言的理解和运用有限，无法准确把握不同语言之间的差异和翻译策略，导致学生学习时无法获得准确的语言指导和实践经验。

最后，翻译素养不高还会影响教师对专业领域的理解和应用能力。翻译涉及多个领域，如商务、法律、医学等，每个领域都有其特定的术语和约定惯例。教师缺乏对专业领域的深入了解和实践经验，既无法教授学生如何应对不同领域的翻译挑战，也无法培养学生在特定领域中的专业素养和技能。

3. 翻译理论与实践脱节

陈旧的教学理念导致翻译课堂讲授过于侧重语法和词汇的解析，忽视了翻译理论与实践的结合。教师可能过分强调传统的语言学观念，而缺乏对翻译过程、策略和技巧的深入讲解和指导。这使得学生难以将翻译理论应用于实际翻译中，限制了翻译能力的全面发展。

首先，传统的语言学观念将翻译视为简单的语言转换过程，教师在课堂上可能过于强调语法规则和词汇翻译，而忽视了翻译的复杂性和多维度的特点。这种偏重于语言表面特征的教学方法使得学生缺乏对翻译理论的全面理解，无法在实际翻译中灵活运用不同的策略和技巧。

其次，翻译是一个涉及多个层面的综合性任务，包括语言转换、文化传递、信息准确性等。然而，由于教学理念的陈旧，教师可能没有充分解释和讨论这些关键要素，无法引导学生理解和掌握翻译的核心概念和原则。这导致学生在实践中面临困惑和挫折，无法做出准确和有效的翻译决策。

4.缺乏实践机会和案例分析

首先，缺乏实践机会是影响学生实际操作能力的主要因素之一。翻译是一门实践性的学科，光靠理论知识是远远不够的。只有在实际操作中，学生才能真正理解和应用所学的翻译技巧和策略。然而，在传统的翻译课堂中，学生很少有机会接触到真实的翻译任务，无法真实地体验翻译过程中的挑战和困境。缺乏实践机会使得学生只停留在纸上谈兵的层面，无法真正培养出实际操作的技能和经验。

其次，缺乏案例分析也限制了学生的问题解决能力和专业素养。案例分析是一种将理论知识与实际情境相结合的教学方法，通过对真实翻译案例的深入分析，学生可以学习到实际问题的解决方法和策略。然而，在传统的翻译课堂中，案例分析往往被忽视或仅仅停留在表面层面的解析。学生只是被要求翻译一些简单的句子或段落，缺乏对真实翻译案例的深入研究和探讨。这使得学生无法从实际案例中获得经验和启示，无法培养对翻译过程和策略的深入理解和应用能力。

（二）教学内容枯燥

教材在翻译教学过程中发挥着基础性作用，教师主要通过教材授课，学生也是基于教材开展学习。翻译课堂教学质量在一定程度上受制于教材的质量。当前，不少翻译教材的系统性与科学性不足，有些甚至是简单的翻译理论和实例堆砌，对影响翻译的多维因素缺乏深入解析，过分依赖教材的课堂教学内容，显得枯燥无味。在此情况下，如果教师再没有结合实际充分备课以扩充知识点，就会使课堂内容更加乏味无趣。

1.缺乏系统性与科学性

一些翻译教材的编写存在着缺乏系统性与科学性的问题，可能只是简单地堆砌翻译理论和实例，缺乏对翻译过程和策略的深入解析。教材内容的组织和呈现方式不够有条理，缺乏层次清晰的结构，导致学生难以从中获取有效的学习信息。

首先，教材缺乏系统性。一些教材在编写过程中没有很好地、有机地组织和结构化翻译知识和技巧。教材的章节安排可能缺乏层次感，知识点之间的逻辑关系不明确，难以形成一个完整的知识体系。这使得学生在学习过程中难以厘清知识的脉络和内在联系，从而影响了对翻译理论和实践的全面理解和掌握。

其次，教材缺乏科学性。一些教材在内容的选择和呈现上缺乏科学的依据和方法，可能过于侧重某些翻译理论或方法，忽视了其他重要的内容。教材的编写者可能没有充分考虑到学生的学习需求和实际情况，导致教材与学生的实际需求脱节。此外，一些教材可能过于简化或抽象化了翻译实践的复杂性，无法真实地反映翻译工作中的挑战和困境，给学生提供了一个不够真实的学习环境。

2. 缺乏深入解析

翻译是一个复杂的过程，涉及语言、文化、专业领域等多维因素。然而，一些教材对这些因素的解析和讲解较为简单，没有深入探讨它们之间的相互关系和影响。这使得学生难以全面理解和掌握翻译的本质和要点，无法将理论知识与实际翻译实践结合。

首先，语言因素。翻译的核心是语言之间的转换和表达，但教学往往过于注重语法和词汇的讲解，忽视了更深层次的语言特点和表达方式。教材可能只涉及一些基本的语言知识，而对语言的风格、语域、口语表达等方面的讲解不够充分。此外，不同语言之间的结构和表达方式也可能被简化或省略，使得学生难以真正理解和应用不同语言之间的差异和特点。

其次，文化因素。翻译是跨文化交际的过程，文化因素对翻译的影响至关重要。然而，往往教学内容对文化因素的讲解较为肤浅，没有深入探讨不同文化之间的差异和冲突。教材可能只是简单介绍一些文化背景知识，而忽略了文化对语言理解、意义表达和传达的重要性。学生没有足够的机会了解和体验不同文化的思维方式、价值观和社会习俗，从而限制其在跨文化翻译中的应用能力。

最后，专业领域的因素也常常被忽视。翻译涉及各种专业领域的文本和术语，但教学内容往往对专业领域的特点和要求的解析不够深入。教材可能只是简单介绍一些常见的专业术语，而没有涉及不同专业领域的特定词汇、表达方式和约定惯例。这使得学生在面对具体的专业文本时往往感到无所适从，难以准确理解和翻译相关内容。

3. 过分依赖教材的课堂教学

部分教师在课堂教学中过分依赖教材，简单地将教材内容直接呈现给学生，缺乏创新和活力。教师仅仅按部就班地解读教材中的内容，没有引入更多的实例、案例和互动活动，使课堂变得枯燥乏味，难以激发学生的兴趣。

首先，过分依赖教材使得教学内容缺乏变化和创新。教师将大部分课堂时间用于教材的解读和讲解，忽视了引入其他教学资源和实例的重要性。教材虽然是教学的基础和参考，但单一依赖教材会导致课堂内容的单调和固化，无法满足学生对多样化学习体验的需求。教师应该以教材为基础，结合其他教学资源，如真实的翻译案例、多媒体素材和互动活动，创设多样化的教学场景，激发学生的学习兴趣。

其次，过分依赖教材可能导致教学内容与学生的实际需求脱节。教材编写的目的是满足一般学生群体的学习需求，但每个学生在翻译能力、专业背景和兴趣等方面存在差异。过分依赖教材会使得教学内容过于统一化，无法充分考虑到学生的个体差异和需求。教师应该灵活运用教材，根据学生的实际情况和需求开展差异化教学，提供更具针对性的内容和任务。

最后，过分依赖教材可能导致教学内容的局限性和过时性。教材编写需要一定的时间，而翻译领域的发展是日新月异的，不断涌现新的理论、方法和实践经验。如果仅仅依赖教材，教师可能无法及时反映最新的翻译理论和实践，使学生学到的知识相对滞后。教师应该不断更新教学内容，引入最新的研究成果和案例，与学生分享翻译领域的前沿信息，培养学生的学习兴趣和求知欲望。

4.缺乏教师的充分备课与拓展知识点

有些教师可能未能充分备课，未准备课堂所需的教学资源和活动，未能进一步拓展教材内容，提供更多的相关知识点和实例，以丰富课堂内容。教师的不充分备课使得课堂内容局限于教材本身，无法为学生提供更广阔的翻译领域的视野和知识。

首先，教师的不充分备课会导致课堂教学内容的匮乏和单一化。翻译课堂需要涉及广泛的领域和知识，包括语言学、文化学、专业知识等。如果教师未能充分备课，仅仅依赖教材提供的内容，就难以覆盖到更多的相关知识点和实例。这样的教学方式容易让学生感到乏味和枯燥，无法激发学习兴趣和求知欲望。

其次，缺乏教师的知识拓展使得课堂内容与翻译领域的最新发展脱节。翻译领域是一个不断发展和变化的领域，涌现出许多新的理论、方法和实践经验。教师应该不仅关注教材中的内容，还应主动拓展自己的知识领域，了解最新的研究成果和行业动态。这样才能为学生提供更丰富、前沿的知识，引导他们跟上翻译领域的发展脉搏。

缺乏教师的充分备课与拓展知识点直接影响教学资源的丰富性和多样性。备课是教师提供优质教学的基础，包括准备教学材料、案例、练习题等。如果教师未能充分备课，就很难为学生提供多样化的教学资源，无法满足不同学生的学习需求。教师应该积极寻找并整合各种教学资源，如真实翻译案例、多媒体素材、互动活动等，以丰富课堂内容，激发学生的学习兴趣和积极性。

（三）教学方法老套

传统教学理念指导下的翻译教学方法单一且经常脱离实际。翻译教师授课模式多以课本为主讲解翻译原理与技巧，以翻译练习巩固知识为辅，课堂形式不够多样化。学生经常被动地听讲、被动地接受训练，这种以教师为中心的课堂忽视了学生的个体差异，忽视了翻译教学方法的与时俱进。此外，教师把大量的时间花在重复的讲解与练习上，而较少去探索更有效的教学策略，导致学生逐渐对课堂失去兴趣，学习积极性不高。

1.单一的教学模式

许多翻译教师在课堂上采用传统的讲解模式，主要以教材为主讲解翻译原理和技巧，再辅助一些简单的翻译练习巩固学生的知识。这种单一的教学模式导致了课堂形式的单一化，学生缺乏多样化的学习体验和互动机会。

首先，传统的讲解模式过于单一，缺乏足够的互动和参与。在这种模式下，教师通常扮演着知识传授者的角色，学生被动接受知识。教师仅仅以讲解教材内容为主，缺乏与学生的互动和讨论，使得学生的参与度不高。这种单向的教学方式难以激发学生的主动性和创造性思维，限制了他们的学习效果。

其次，单一的教学模式无法满足不同学生的学习需求和学习风格。每个学生在学习过程中都有自己的学习特点和偏好，有些学生更倾向于听课，有些学生更喜欢互动讨论，还有些学生更适应实践操作。然而，传统的讲解模式只关注了一种学习方式，忽视了学生的多样性。这样就无法充分发挥学生的潜力，影响了他们的学习效果和成长。

最后，单一的教学模式限制了学生的实践能力和问题解决能力的培养。翻译是一门实践性很强的学科，仅仅通过听讲和简单的翻译练习无法培养学生的实际操作能力。学生需要在实际翻译情境中应用所学知识和技巧，并解决实际问题。然而，单一的教学模式未能为学生提供充分的实践机会和案例分析，限制了实际操作能力和问题解决能力的培养。

2. 忽视学生个体差异

以教师为中心的课堂往往忽视了学生的个体差异。教师通常按照统一的进度和方式开展教学，没有充分考虑到学生的不同学习需求和兴趣。这种教学方法不能满足学生的个性化学习需求，导致学生的学习效果和学习动力受到限制。

首先，学生在认知能力、学习风格、兴趣爱好等方面存在差异。每个学生都是独特的个体，在学习过程中有自己的特点和需求。然而，传统的教学方法往往以教师为中心，忽视了学生个体差异的存在。教师按照统一的进度和方式开展教学，对学生的差异性缺乏充分的关注和应对，使得部分学生在教学中无法得到有效的指导和支持。

其次，忽视学生个体差异会影响学生的学习效果和学习动力。当教学方法无法满足学生的学习需求和兴趣时，学生往往感到无趣和没有动力，难以主动参与学习。一些学生可能因为教学内容与自身兴趣不符而产生厌学情绪，甚至对学习产生抵触心理。因此，忽视学生个体差异会影响他们的学习动力，进而影响学习效果。

此外，忽视学生个体差异也限制了教学的个性化发展。个性化教学是一种关注学生个体差异并针对不同学生提供个性化支持的教学方法。然而，在传统的教学方法中，教师通常将所有学生视为整体对待，无法提供个性化的教学内容和学习方式。这使得一些学生无法充分发挥自己的潜力，限制了学习成长。

3. 缺乏与时俱进的教学策略

传统的教学方法在翻译教学中长期占主导地位，但随着社会的发展和技术的进步，翻译行业也在不断演变。然而，一些教师在教学中并未充分采用与时俱进的教学策略，既未能将新兴的技术和工具融入教学中，也未能培养学生在跨文化交际和数字化环境下的翻译能力。

4.缺乏探索和创新精神

部分教师过于依赖传统的讲解和联系方式，缺乏对更有效的教学策略的探索和尝试。他们将大量时间花在重复的讲解和练习上，而缺乏对其他教学方法的深入研究和实践。这种缺乏创新精神的教学方法容易使学生对课堂失去兴趣，降低学习积极性。

（四）教学质量保障体系不健全

有些高校虽制定了教学质量保障体系，但由于没有专门的教学质量管理与评价机构，或者没有配套的政策与制度发挥监督与扶持作用，相关的质量要求在执行过程中容易出现执行不力、不到位、走过场等情况。部分高校尚未建立符合本校实情、合理的教学质量评价体系，客观评价指标的缺位造成教学质量评价过于主观化，难以形成科学、公平、公正的评价结果，打击了教师教学的积极性。不健全的保障体系导致教师对课堂教学质量的重视程度不够，直接影响教与学的效果。

1.缺乏教学质量管理与评价机构

一些高校没有建立专门负责教学质量管理与评价的机构，缺乏全面监督和评估教学质量的能力。教学质量保障体系需要有明确的责任分工和监管机构，能够监控、评价和反馈教学质量，确保教学质量的持续改进。

2.缺乏配套的政策与制度

即使一些高校有教学质量保障体系，但缺乏相应的政策与制度支持和推动其有效实施。教学质量保障体系需要明确的政策和制度作为支撑，包括制定教师教学评价标准、建立奖惩机制、提供教师培训和发展机会等，以促进教师的教学质量提升。

3.缺乏符合实际的教学质量评价体系

一些高校尚未建立符合本校实际、合理的教学质量评价体系。教学质量评价应该具有科学性、客观性和公正性，需要有明确的评价指标和量化方法。然而，部分高校的教学质量评价过于主观化，缺乏客观评价指标，导致评价结果难以形成科学、公平、公正的反馈，不利于教师改进和提升教学质量。

4.影响教师教学积极性

不健全的教学质量保障体系会影响教师对课堂教学质量的重视程度。如果教师感觉教学质量评价不准确或评价结果与实际表现不符，他们可能会对教学质量保障体系产生怀疑，从而降低对教学的投入和积极性。这将直接影响到教与学的效果，使得教师的教学质量无法得到有效的改善和提升。

二、英语翻译教学质量保障体系的意义

（一）满足学生需求

教学质量保障体系的建立能够更好地满足学生的需求。通过教学质量评价和反馈机制，可以了解学生对教学内容、教学方法和教学效果的意见和建议。根据学生的反馈，教

师可以调整和改进，使教学更加贴近学生的实际需求和学习特点，提高学生的学习积极性和满意度。

首先，教学质量评价和反馈机制能够帮助教师了解学生对教学内容的需求和期望。学生在学习过程中会面临各种困惑和问题，他们对教材的理解和应用可能存在差异，对某些知识点的掌握程度也不尽相同。通过教学质量评价和反馈机制，教师可以及时获得学生的反馈意见，了解他们对教学内容的理解程度、学习困难和潜在需求。基于这些反馈信息，教师可以调整教学内容的难度和深度，提供更符合学生需求的教学材料和案例，使学生能够更好地理解和应用所学知识。

其次，教学质量保障体系可以引导教师灵活运用多种教学方法和策略，以满足不同学生的学习特点和需求。学生在学习风格、学习习惯和学习能力方面存在差异，有些学生更偏向于听课，而有些学生则更善于自主学习。传统的一刀切的授课方式无法满足所有学生的需求，因而教师应该根据学生的特点和需求采用不同的教学方法和策略，如小组讨论、案例分析、项目实践等，以促进学生的主动参与和深入思考。教学质量保障体系可以为教师提供评价和反馈的依据，帮助他们了解何种教学方法和策略更适合学生，从而更好地满足学生的学习需求。

最后，教学质量保障体系还可以通过提供个性化的学习支持和辅导，满足学生在学习过程中的个别需求。每个学生在学习中都会面临不同的困难和挑战，有些学生可能需要额外的辅导和指导克服学习障碍，有些学生可能需要更多的挑战和深入学习的机会。教学质量保障体系可以通过建立学生咨询服务中心、辅导导师制度和学术指导小组等方式，为学生提供个性化的学习支持和辅导。学生可以通过咨询服务中心咨询学习问题，寻求解决方案和建议。辅导导师制度可以为学生提供个别指导和辅导，帮助他们解决学习中的困惑和问题。学术指导小组可以定期组织学术讨论和指导活动，为有特殊学术兴趣和需求的学生提供更深入的学习机会和指导。这些个性化的学习支持和辅导措施能够更好地满足学生的学习需求，提高学生的学习效果和满意度。

教学质量保障体系的建立还可以通过引入实践和应用环节，满足学生对实际应用能力的需求。翻译是一门实践性很强的学科，学生需要具备一定的实际应用能力才能胜任翻译工作。因此，在教学质量保障体系中，可以增加实践和应用环节，如翻译实训课程、实习机会等，让学生能够在真实场景中开展实际翻译任务，培养实践能力和解决问题的能力。通过实践和应用环节的设置，教师能够更好地了解学生在实际应用中的困难和需求，及时调整教学内容和方法，提高学生的实际应用能力和专业素养。

通过教学质量评价和反馈机制，教师可以了解学生的需求和意见，调整教学内容和方法，提高学生的学习积极性和满意度。教学质量保障体系还可以促进教师灵活运用多种教学方法和策略，满足不同学生的学习特点和需求。同时，个性化的学习支持和辅导措施能够满足学生的个别需求，提供个别指导和辅导。此外，引入实践和应用环节可以满足学生对实际应用能力的需求。通过建立健全的教学质量保障体系，学校可以更好地满足学生的需求，提高教学质量和学生的学习效率。

（二）推动教学创新

教学创新是指在教学过程中引入新的理念、方法和技术，以提高教学效果和学生学习效率的活动。

首先，建立多样化的教学评价指标和方法可以激发教师的创新思维和实践。传统的评价方法往往侧重于学生的成绩和表现，而忽视了教师的教学过程和方法。通过引入多样化的评价指标，如教学设计的创新性、学生参与度、教学反馈的质量等，可以鼓励教师尝试新的教学理念和方法。同时，采用多种评价方法，如自我评估、同行评议、学生评价等，可以为教师提供多方面的反馈和意见，促使其反思和改进教学实践，推动教学创新。

其次，教师培训和专业发展计划是推动教学创新的重要手段之一。教学质量保障体系应该为教师提供持续的培训和专业发展机会，使其能够更新教学资源和知识，了解最新的教学理论和技术。培训可以包括教学方法的研讨、教学技术的培训、教学案例的分享等，帮助教师开阔思路、拓宽视野，激发创新能力。通过引进先进的教育技术和教学手段，如在线教学平台、虚拟实验室、智能辅助教学系统等，教师可以更好地运用技术手段提升教学效果，营造出更有趣、互动性更强的学习环境，激发学生的学习兴趣和积极性。

最后，教学质量保障体系应该鼓励教师开展教学研究和实践探索，为教师提供展示和分享成果的机会。教师可以通过教学研究项目、教学改革课题等方式，探索教学领域的新理念和新方法。同时，学校可以组织教学交流和展示活动，为教师提供分享教学经验的平台，促进教师之间的互相学习和借鉴。通过分享成功的教学实践和创新案例，可以激发其他教师的灵感，鼓励他们尝试新的教学方法和策略，推动整个教学团队的共同进步和创新。

（三）建立教师专业发展机制

教学质量保障体系的建立为教师的专业发展提供了机制和支持。通过建立教学质量评价体系，教师的教学质量和教学效果得以全面评估，为教师提供了反思和改进的机会。同时，教师培训和发展计划的实施能够提升教师的专业能力和知识水平，帮助教师不断提高自身的教学能力和教学水平。通过建立健全的教师专业发展机制，激励教师开展教学研究和教学实践，促进自身的成长与进步。

首先，教学质量保障体系应建立完善的教师评价和反馈机制。通过定期的教学评价，学校可以全面了解教师的教学表现及其专业发展情况。评价结果可以作为教师自我反思和改进的依据，帮助教师认识到自身的优势和不足之处，并针对性地开展专业发展。同时，学校还可以通过学生评价、同行评议和校内外专家评估等方式收集多角度的反馈意见，为教师提供具体的改进建议和发展方向。

其次，教师培训和发展计划是教师专业发展的重要组成部分。学校应该制订并实施有针对性的教师培训计划，包括教学方法、课程设计、评价与反馈等方面的培训内容，以帮助教师提升教学能力和专业素养。培训形式可以多样化，包括讲座、研讨会、教学观摩和实践活动等，为教师提供学习和交流的平台。此外，学校还应鼓励教师参与学术会议和专业研讨，拓宽教师的学术视野，促进与同行的交流和合作，推动教师专业发展的广度和深度。

最后，教学质量保障体系应提供支持教师教学研究的机制和资源。教师在专业发展过程中应该被鼓励和支持开展教学研究，通过深入研究教学问题、探索教学策略和创新实践，不断提升自身的教学能力。学校可以提供研究经费、研究平台和导师指导等支持措施，帮助教师开展教学研究项目，促进教学理论与实践的结合。

第二节　跨文化交际能力培养视域下的英语翻译教学质量保障体系的构建

一、构建知识结构

根据认知心理学的理论，教学质量保障体系应注重学生对英语翻译知识的理解和掌握。教学活动应结合学生的已有知识和经验，帮助他们构建扎实的知识结构，并将其应用于实际的翻译任务中。通过理论与实践的结合，学生能够更好地理解和应用所学知识。

（一）知识的层次结构

英语翻译知识具有层次性，从对基础的词汇和语法知识的理解到对语篇和语境的理解，涵盖了广泛的领域。构建知识结构可以帮助学生将零散的知识点组织成有机的整体，建立起从细节到总体的层次性认知，使学习更加系统和完整。

1. 基础词汇和语法知识层次

英语翻译的基础是词汇和语法知识。学生需要掌握丰富的词汇量，包括常用词汇、专业词汇和惯用语等，以便准确表达和理解语言内容。此外，对英语语法规则的理解和应用也是构建知识结构的基础。学生需要掌握词汇和语法的基本规则，并能在翻译实践中正确运用。

2. 句子和段落层次

在英语翻译中，学生需要理解和处理句子和段落级别的语言单位，包括理解句子的结构和语法关系，掌握句子成分的功能和搭配，以及准确传达句子的意义。此外，学生还需要能够理解和处理段落的组织结构和逻辑关系，以确保翻译的连贯性和准确性。

3. 文本和语篇层次

除了单个句子和段落，学生还需要处理更大范围的文本和语篇，包括对整篇文章或篇章的整体理解和把握，以及对文本结构、主题和篇章内部逻辑关系的分析。学生需要能够捕捉并传达原文的信息和意图，同时保持翻译文本的连贯性和一致性。

4. 语境和文化背景层次

英语翻译涉及不同的语境和文化背景。学生需要理解和适应不同语境下的翻译要求，包括专业领域的术语和语言风格，以及不同文化间的差异。构建知识结构的过程中，学生应加强对语言使用背后的文化背景和语境的认识，以更好地理解和翻译文本。

在构建知识结构的过程中，教师可以采用逐步深入的教学方法，将不同层次的知识点有机地连接起来。

（二）知识的关联性和应用性

知识在学习中的应用是衡量学生掌握程度和翻译能力的重要标志。构建知识结构可以帮助学生理解知识之间的关联关系，将所学的语言知识与实际的翻译任务结合，提高学生的应用能力。通过将知识应用于实际翻译情境中，学生可以更好地理解和运用所学知识。

1. 知识的关联性

英语翻译知识是相互关联的，不同知识点之间存在内在的联系。构建知识结构要求学生能够理解和把握知识之间的关联关系，将零散的知识点整合成有机的整体。例如，词汇知识与语法知识相互依存，语法规则决定了词汇的使用方式，而词汇又为语法提供具体实例。另外，句子和段落的结构与语篇的整体逻辑关系相互影响，学生需要在理解句子的基础上把握段落和篇章的组织结构和连贯性。通过深入理解知识之间的关联性，学生可以更加全面地掌握英语翻译所需的知识体系。

2. 知识的应用性

知识的应用性是学生运用所学知识解决实际问题的能力。英语翻译教学应注重将知识应用于实际翻译任务中，培养学生的实际操作能力和问题解决能力。通过将知识与实际情境结合，学生可以更好地理解和运用所学知识。例如，在翻译实践中，学生需要将词汇和语法知识应用于准确表达源语言的意思，同时还需注意目标语言的习惯表达方式和文化背景。通过实际应用，学生能够更深入地理解知识的内涵和实际运用的要求，提高翻译的准确性和流利度。

3. 知识的综合应用

英语翻译是一个综合性的任务，学生需要综合运用多个知识点。构建知识结构要求学生能够将各个层次的知识有机地结合起来，形成综合应用能力。例如，学生需要将词汇和语法知识应用于句子和段落的构建，同时考虑上下文的语境和文化背景。通过综合运用知识，学生能够更好地应对复杂的翻译任务，提高翻译的质量和效果。

（三）学习策略的运用

构建知识结构需要学生具备一定的学习策略。学习策略是指学生为达到学习目标而有意识地采用的一系列方法和技巧。教师在教学中可以引导学生运用不同的学习策略，如分类整理、归纳演绎、比较分析等，帮助学生建立起有序、连贯的知识结构。

1. 分类整理策略

分类整理是一种可以帮助学生将知识点分类和组织的学习策略。在英语翻译教学中，学生可以根据词汇、语法、句子结构、语篇特点等方面分类整理。通过将相关的知识点归类，学生能够更好地理解知识之间的关联关系，形成清晰的知识结构。教师可以引导学生分类整理，提供合适的学习资源和练习材料，帮助学生逐步建立起扎实的知识框架。

2. 归纳演绎策略

归纳演绎是一种通过总结和推理的方式理解和应用知识的策略。在英语翻译教学中，学生可以通过观察和分析具体的翻译案例，总结出普遍适用的翻译规律和方法。通过归纳演绎的过程，学生可以将具体的翻译经验转化为抽象的知识，加深对知识的理解和应用能力。教师可以引导学生开展案例分析和讨论，培养归纳演绎能力，促进知识的内化和迁移。

3. 比较分析策略

比较分析是一种对比和分析不同事物的策略。在英语翻译教学中，学生可以通过比较源语言和目标语言的表达方式、文化差异和语言风格等方面，深入理解两种语言之间的差异与联系。通过比较分析，学生可以发现不同语言之间的翻译难点和技巧，并能够运用适当的翻译策略解决问题。教师可以引导学生开展跨文化比较和语言对比，提供实际案例和素材，促进学生的观察和思考能力。

（四）反思和元认知能力的培养

构建知识结构也需要学生具备反思和元认知能力。反思是指学生思考和评估学习过程和结果，从中总结经验和教训，进而调整学习策略和改进学习方法。元认知能力是指学生监控和调控自己的学习过程和学习策略的能力。教师可以通过启发性问题、讨论和反馈等方式培养学生的反思和元认知能力，引导他们在学习过程中思考和评估自己的学习效果，及时调整学习策略，并提高知识结构的构建效果。

1. 反思能力的培养

反思是学生自我评估和思考学习过程和结果的过程。通过反思，学生可以深入思考自己的学习策略是否有效，是否存在问题和不足，并总结经验教训，进一步优化学习方法。在英语翻译教学中，教师可以引导学生在完成翻译任务后反思，包括对翻译过程中遇到的困难、解决方法的评估，以及对翻译成果的自我评价等。教师还可以提供反馈和指导，帮助学生发现问题和改进方向，提高学习效果和翻译质量。

2. 元认知能力的培养

元认知能力是指学生监控和调控自己的学习过程的能力。学生需要具备对学习目标的清晰认识、对学习任务的分解和规划、对学习策略的选择和调整等元认知能力。在英语翻译教学中，教师可以帮助学生培养元认知能力，通过启发性问题、学习反馈和个人指导等方式引导学生思考和评估自己的学习过程。学生可以思考自己在学习中遇到的困难、学习方法的有效性，以及如何调整学习策略以提高学习效果。教师还可以与学生共同制订学习计划和目标，并定期开展学习成果的回顾和评估，帮助学生更好地监控和调控自己的学习过程。

为了实现高质量的英语翻译教学目标，教师应注重培养学生的知识组织和应用能力，灵活运用不同的教学方法和策略，建立有效的评估和反馈机制，以推动学生构建扎实的知识结构。

二、以学生为中心的教学方法

基于构建知识结构的理念，教学质量保障体系应采用以学生为中心的教学方法。这种方法强调学生的主动参与和自主学习，促进思维能力、创造力和问题解决能力的培养。教师在教学过程中应扮演指导者和引导者的角色，鼓励学生独立思考和探索，以培养学生的翻译能力。

（一）学生参与和合作

以学生为中心的教学方法强调学生的主动参与和合作。教师可以通过合作学习资源等活动，激发学生的学习热情和参与度。学生通过合作与交流，能够分享彼此的观点和经验，相互学习和启发，培养批判性思维和解决问题的能力。此外，学生的参与也促使他们更加积极地掌握英语翻译的技巧和策略，提高翻译实践的能力。

（二）自主学习和自主评价

以学生为中心的教学方法鼓励学生自主学习和自主评价。学生在教师的指导下，通过设定学习目标、制订学习计划、选择学习资源等方式，主动参与到学习过程中。他们可以根据自己的学习需求和进展情况，灵活调整学习策略和方法，以达到更好的学习效果。同时，学生还可以自主评价，反思和评估自己的学习成果和学习过程，发现问题并加以改进。这种自主学习和自主评价的过程培养了学生的学习动机、学习能力和自我调控能力。

（三）个性化教学和差异化指导

以学生为中心的教学方法充分考虑学生的个体差异，注重个性化教学和差异化指导。教师应根据学生的学习特点和需求，提供个性化的学习支持和指导。教师可以通过了解学生的学习风格、学习兴趣和学习需求，调整教学策略和教学资源，提供适合学生的学习材料和任务。个性化教学和差异化指导能够激发学生的学习潜能，增强他们的学习动力和自信心，帮助他们更好地理解知识和提高翻译技能。

三、社会互动与合作学习

社会构建主义理论认为，学习是一种社会活动，通过与他人的互动和合作，学生能够共同构建知识和意义。因此，教学质量保障体系应提供适当的机会和环境，让学生合作学习和集体讨论，这样的互动和合作有助于学生在跨文化交际中的能力培养，提高翻译效果和准确性。

（一）提供丰富的学习资源和经验共享

在英语翻译教学质量保障体系中，提供丰富的学习资源和经验共享是至关重要的。这一方面能够丰富学生的学习内容，拓宽知识视野；另一方面能够通过学习资源和经验的共享，促进学生之间的互动与合作，提升翻译能力和水平。

首先，丰富的学习资源可以为学生提供广泛而深入的学习材料。教师可以准备多样化的阅读材料、翻译案例、语料库等资源，供学生参考和学习。这些资源涵盖不同领域、不同主题的内容，帮助学生了解各种语境下的翻译需求。同时，教师还可以推荐学生使用在线翻译工具和相关技术软件，使学生能够利用先进的技术手段开展翻译实践和自我纠错。通过提供丰富的学习资源，学生能够在广泛的背景知识和实践经验中建立起扎实的翻译基础。

其次，经验共享是学生之间互相学习和借鉴的重要方式。学生可以通过合作小组、学习伙伴或学习社区等平台，分享彼此的观点、经验和翻译技巧。这种经验共享有助于学生从多个角度审视和理解翻译问题，学习不同的解决方法和策略。在合作学习过程中，学生可以相互讨论、互相提问，并交流和解决就翻译中遇到的困惑和挑战。通过与他人的互动和合作，学生能够发现自己在翻译中的不足之处，从他人的成功经验中汲取经验教训，逐步提高自己的翻译水平。

最后，学习资源和经验共享也可以通过在线学习平台和社交媒体等技术工具开展。教师可以建立在线学习社区或专业讨论群组，供学生在虚拟空间中交流和互动。学生可以在这些平台上分享自己的翻译作品、经验心得和疑问，与其他学生或专业人士交流和讨论。这种虚拟的学习社区不受时间和地域的限制，学生可以随时随地参与学习资源的获取和经验的共享，使得学习过程更加的便捷和灵活；可以浏览他人分享的翻译案例，观摩优秀作品，学习他人的翻译策略和技巧。同时，也可以主动与其他学生或专业人士互动，提出问题、寻求帮助和开展讨论。通过在线学习平台和社交媒体的应用，学生可以建立更广泛的学习网络，与来自不同地区、不同文化背景的学习者交流和互动，拓宽自己的视野和理解。

（二）培养批判性思维和解决问题的能力

社会互动和合作学习可以激发学生的批判性思维和解决问题的能力。通过与他人的合作和讨论，学生可以提出问题、分析和评估不同的翻译选择，并通过集体思考和讨论找到最佳的解决方案。这种批判性思维和解决问题的能力对英语翻译至关重要，它能够帮助学生在面对复杂的翻译任务时更好地思考和处理。

1. 提供多元视角

社会互动和合作学习为学生提供了接触不同观点和思维方式的机会。在合作学习过程中，学生可以与来自不同背景和经验的同学交流和讨论，从不同的角度看待问题。这种多元视角的碰撞激发了学生的批判性思维，使他们能够审视和评估不同的翻译选择，并能够以更加全面和客观的方式解决问题。

（1）接触不同观点和思维方式

社会互动和合作学习通过合作小组、学习伙伴或学习社区等形式，使学生有机会与来自不同背景和经验的同学交流和讨论。在翻译学习的过程中，每个学生都会有自己的理解和观点，通过与他人的互动，他们能够了解到不同的观点和思维方式。例如，当翻译一则文本时，不同的学生可能会有不同的理解和翻译策略，通过交流和讨论，学生们可以分享彼此的观点，从而获得更多的思维启发和思考角度。

（2）激发批判性思维

在社会互动和合作学习中，学生们的观点和想法会在讨论中相互碰撞和对话。这种碰撞激发了学生的批判性思维，迫使他们重新审视自己的观点，并评估和辩论其他人的观点。通过与其他同学的辩论和交流，学生们能够更全面地考虑问题，并从多个角度思考。这种批判性思维的培养有助于学生评估不同的翻译选择，并能够以更客观和更全面的方式解决问题。

（3）拓宽视野和思维模式

社会互动和合作学习使学生拓宽自己的视野，接触到不同的文化、思维模式和翻译实践。通过与来自不同背景的同学交流，学生能够了解不同文化背景下的翻译思维方式，并从中获得启发。例如，对一个语言和文化背景与自己不同的文本，学生可能会面临更多的挑战和困惑。然而，在与其他同学的互动中，他们可以分享对这些挑战的看法和解决方案，从而提升自己的思维模式和解决问题的能力。

2. 推动问题导向

社会互动和合作学习鼓励学生通过提出问题和解决问题的方式学习。学生在小组讨论和合作项目中面临各种翻译挑战和困惑时，需要通过分析和研究，寻找合适的解决方案。这种问题导向的学习方式培养了学生的批判性思维能力，使他们能够提出深入的问题，并通过调查、比较和推理解决问题。

（1）提出深入的问题

社会互动和合作学习鼓励学生在学习过程中提出更为深入的问题。在翻译学习中，学生可能会遇到各种翻译难题和困惑，如词汇选择、语法结构、文化差异等。通过与同学的讨论和合作，学生能够共同探讨和分析问题的本质，并提出深入的问题，以寻求更全面和更深入的理解。

（2）分析和研究问题

社会互动和合作学习促使学生分析和研究问题。学生需要通过调查、阅读、比较和对比等方式收集相关信息，并将其应用于问题的解决过程中。例如，在翻译过程中，学生可能会遇到不同的翻译选项，他们需要通过对语境、语义和目标读者的分析，深入研究和思考，以找到最佳的解决方案。

（3）比较和推理

社会互动和合作学习鼓励学生比较和推理，以解决问题。学生可以与同学分享自己的翻译选择，并比较和讨论其他人的观点。通过比较不同选项的优劣势，学生可以推理和推断，并选择最合适的翻译策略。这种比较和推理的过程培养了学生的批判性思维能力，使他们能够从多个角度思考问题，并做出准确和合理的决策。

（4）解决方案

问题导向的学习方式强调解决问题的能力。通过社会互动和合作学习，学生可以与同学一起探讨问题，分享思路和经验，共同寻找解决方案。这种合作和探究的过程培养了学生的解决问题的能力，使他们能够面对复杂的翻译任务并寻找切实可行的解决方案。

3.强调逻辑推理和证据支持

在社会互动和合作学习中，学生需要运用逻辑推理和提供有力的证据支持自己的观点和翻译选择。通过与他人讨论和辩论，学生需要清晰地表达自己的观点，并用合理的论据和证据支持自己的观点。这培养了学生的逻辑思维能力和解决问题的能力，在翻译过程中能够准确评估不同选项的优劣，并做出明智的决策。

（1）清晰表达观点

社会互动和合作学习鼓励学生清晰地表达自己的观点。在翻译学习中，学生需要通过口头或书面方式将自己的翻译选择和理解传达给他人。这要求学生能够组织自己的思维，并以简明扼要的方式表达出复杂的观点。清晰表达观点是逻辑推理和证据支持的前提。

（2）运用逻辑推理

社会互动和合作学习促使学生运用逻辑推理评估不同的翻译选项。学生需要从逻辑的角度分析和比较各种选择，并推断哪种选项是最合理和最有效的。逻辑推理能力使学生能够合理地思考和判断，从而在翻译过程中做出准确的决策。

（3）提供有力的证据支持

在社会互动和合作学习中，学生需要提供有力的证据支持自己的观点和翻译选择。这些证据可以是来源于课堂教学、文献研究、实际案例等方面的信息。学生需要通过引用准确的数据、引述专家观点或提供相关实例支持自己的观点。提供有力的证据支持能够加强学生观点的可信度，并使他们的翻译选择更具有说服力。

（4）准确评估选项的优劣

逻辑推理和证据支持能够使学生准确评估不同选项的优劣。他们可以通过分析选项的逻辑关系、权衡各个方面的利弊、考虑目标读者的需求等评估翻译选项的质量。准确评估选项的优劣能够帮助学生做出明智的决策，并选择最佳的翻译策略。

4.促进反思和修正

社会互动和合作学习提供了一个反思和修正的平台。学生在与他人交流和合作的过程中，会接收到其他人的反馈和评价。这激发了学生对自己翻译选择和策略的反思，并能够根据反馈修正和改进。这种反思和修正的过程培养了学生的自我评价能力和自我调整能力，使他们能够在解决翻译问题时更加敏锐和灵活。

（1）接受他人的反馈和评价

社会互动和合作学习为学生提供了一个接受他人反馈和评价的平台。学生可以与合作伙伴、同学或教师交流和讨论，分享自己的翻译作品并听取他人的观点和建议。这种反馈和评价能够激发学生对自己翻译和策略的反思，帮助他们发现自身存在的问题并寻找改进的方向。

（2）自我评价和反思

通过接受他人的反馈和评价，学生被鼓励开展自我评价和反思。他们可以审查自己的翻译作品，思考其中的优点和不足，并分析导致这些问题的原因。自我评价和反思能够帮助学生识别自身的盲点和提升的空间，并提供改进和修正的机会。

（3）修正和改进翻译策略

通过反思和自我评价，学生能够发现自己在翻译过程中存在的问题和不足，并提出修正和改进的方案。他们可以调整翻译策略，采用更加准确和有效的方法解决翻译难题。修正和改进翻译策略的过程不仅培养了学生的自我调整能力，还能提高他们在解决问题时的灵活性和适应性。

（4）持续学习和进步

反思和修正是一个持续学习和进步的过程。学生通过不断反思和修正自己的翻译和策略，积累经验、提高技能，并逐渐成长为更加成熟和专业的翻译者。持续学习和进步的过程是一个循环，通过不断反思和修正，学生能够不断提高自己的翻译能力。

第三节　教学反思与实践

为了保障教学质量并有效培养学生的跨文化交际能力，建立一个完善的教学反思与实践体系至关重要。

一、教学反思

教学反思是一种关键的教学活动，通过对教学过程和效果的反思和评估，教师可以不断改进和提升自己的教学方法和策略。

（一）学生反馈

教师可以定期收集学生的反馈意见，包括课程内容、教学方法、教材选择等方面。通过学生的反馈，教师可以了解学生的需求和意见，及时调整教学策略。

（二）自我反思

教师应该定期自我反思，回顾自己的教学过程。教师可以思考自己的教学目标是否达到，教学方法是否有效，是否需要改进和调整。

（三）同行评议

教师可以与同事教学互评，相互观摩和交流经验。通过同行评议，教师可以获取更多的教学观点和建议，不断提高自己的教学水平。

二、实践环节

实践环节是英语翻译教学中不可或缺的一部分，它能够帮助学生将所学知识和技能应用于实际场景中，提升跨文化交际能力。

（一）转变教学理念

教师是教学质量的直接负责人。作为翻译教师，要有意识地更新教学理念。如果翻译课堂上引用的还是陈旧译例，践行的还是传统"教师讲，学生听"的授课理念，根本无法满足新时代大学生的期待。缺乏创新的课堂直接导致学生参与度不高，甚至出现因失望而厌倦学习的不良情绪。翻译教学模式的转变不仅限于教学内容或教学手段的转变，而且需要教学理念的转变，从纯粹传授知识和技能的"以教师为中心"的传统教学模式，转向"以学生为中心"的现代教学模式，更加重视培养学生的翻译实践能力和团队协作能力。翻译是与时俱进的行业，翻译教师应立足社会需求，着眼于培养学生的翻译实践技能，用不断更新完善的教学理念指引课堂教学的各个实施环节，拓展课堂模态，有的放矢地对学生开展基于翻译理论知识的实践能力训练，不断提高课堂教学质量。

翻译工作对译者素养与技能的要求，是基于时代发展的需要并紧跟时代发展的步伐。翻译课既是实践活动的过程，也是培养翻译的理解意识、功能意识、语言意识和文化意识的过程。翻译教师自身要先自觉树立与时代接轨的翻译观，加强翻译意识与角色意识，不应把翻译教学目的局限于传统的词句讲解和技巧分析，应根据实际需要在思维方式与观念体系方面有所提升，在课堂教学过程中将更新的理念融入相关的教学内容与方式中，才能多方位逐步培养学生的翻译意识与角色意识。尤其是作为中国译者的文化传播使者角色：以汉译英为途径应有意识地对外宣传中国文化，让世界更多、更好地了解中国；以英译汉为途径应尽可能地对内介绍英语文化，让中国读者有机会了解异域风情，取长补短，给本国的语言与文化注入生机与活力。

与此同时，鉴于翻译技巧提炼总结于大量的翻译实践，反过来对翻译实践也具有普适性的指导作用。因此，通过翻译实践，使学生熟练掌握并运用相关的翻译技巧，有益于提高翻译速度与质量。学生只有实际参与翻译实践，才能更好地领会与感悟教师讲授的内容与方法，才会更好地吸收知识、培养能力。然而，在翻译课时有限的情况下，教师留给学生课堂训练的时间相对有限。由于翻译与实践紧密相连并相辅相成，所以"岸上教游泳"的方式并不可取。"翻译中并没有多少可以衣钵相传的锦囊妙计，需要的是译者本身对翻译这一跨语言活动的深刻领悟。翻译教学与其说应着重传授几套'拳术'，不如说应该培养这种对英汉语言文化异同的洞见与顿悟。"因此，教师应适当增加翻译实践在翻译教学中的占比，注重指导、训练，提高学生的翻译技能，并使之逐渐内化为自觉行为。

（二）更新教学内容

传统的翻译教学过程过分依赖教材，教师把课本内容机械地灌输给学生，不注重补充富有时代气息的素材或译例，与社会现状相联系的融会贯通不够。面对一成不变的课堂PPT，学生自然难以产生学习的兴致。在转变教学理念的同时，教师应重视更新教学内容，以教材为主体，备课时多方借鉴参考资料加以整合拓展。如在准备"汉英公示语翻译"的专题时，教师可有意前往学校食堂、图书馆、学生街、宿舍楼等学生熟悉的场所收集翻译实例，在课堂上赏析佳译，改进拙译。

新时代的学生思维多元，好奇心强，如果教师能够在教学内容中加入新鲜的或幽默的元素，就有望活跃课堂气氛，加强教与学的效果。在课堂训练环节，教师可精心挑选时下流行的段子作为翻译的原文材料，来激发学生的好奇心，在有趣的教学氛围中积极参与翻译实践。

通过对比分析不同学习阶段的译者在翻译相同汉语原文时给出的不同英语表达方式，让学生体会译文随着学习水平的提高越变越生动的过程，在笑声中领悟到译者的语言功底与技巧运用。通过类似课堂翻译实践娱乐化的方式，教师点评分析不同版本的译文，引导学生体会语境对译文风格的决定性作用，从而不拘一格地思考并运用翻译策略。即便在讲授较为枯燥的翻译理论时，教师也可尽量结合相关的历史背景串联相关的翻译现象或翻译史知识，增加内容的趣味性，增强学生对翻译的兴趣。营造积极向上、充满正能量的课堂气氛，是促进师生融洽配合、提高教学质量的有力保障。教师只有以人文关怀为出发点，充分关注学生的思想、情感等人格因素，将认知发展、情感发展和技能发展相结合，才能更容易获得学生的信任与配合，更有效地提高教学的水平与质量。

此外，传统翻译教学内容因过于强调纯粹的语言形式转换而忽视或偏离文化语境，对培养学生跨文化交际能力重视不足，造成学生的译文由于受众意识的缺失而导致跨文化交际障碍甚至交际失败的结果。因此，翻译教师要向学生强调，翻译是一项双语、双文化的活动，翻译过程要尽量兼顾语言与文化信息传递的得体性与完整性，从而培养学生的双语转换能力与跨文化交际能力。

（三）改进教学方式

课堂教学是学生获取知识的主要途径之一，课堂教学质量的优劣既反映教师的教学水平，也直接影响学生的学习成效。教师应从更新教学理念、丰富教学内容到运用恰当的教学方式，致力于构建良性的教学过程。不断改进并优化教学手段是确保课堂教学质量的基本要求，恰当的翻译课堂教学方式是培养翻译人才的关键。课堂教学开展的成效如何，在很大程度上取决于学生的学习态度和学习状态如何，因而翻译教学方式应首先从教师中心转向学生中心。教师要把学习的认知特征与学生的学习心理、情感诉求相结合，充分调动学生的积极性、能动性和创造性，使他们愿意且乐意配合教师，完成教学计划、课内实践等教学任务。大多翻译课堂过重视翻译理论的灌输，开展理论与实践相结合的训练较少，造成学生的翻译实践意识淡薄。教师作为课堂教学的设计者，应有意识地加强翻译实践技能的训练，在课堂上指导学生主动思考并鼓励积极表达，鼓励富有创意的发散性思维，从而提高教与学的效率。学生翻译水平和从业技能的提高离不开行之有效的教学手段，多样化的创新教学方式离不开课程讲授、案例研讨、情景模拟、实习实训等多种途径。翻译教师要以培养职业化翻译人才为目标，尽可能地利用现代化的教育技术手段以及各种可能的教学资源，不断探索新的教学方式方法，设计以学生为中心的"师生互动，生生互动"课堂模态，充分发挥学生学习的主动性并增强教学的互动性。"翻译教学旨在培养学生的学习能力、思考能力和翻译能力"。以过程为取向的翻译教学，如评注式翻译实践、同学互评译文等教学方法，都有益于培养学生的独立思考与自主学习能力，提高在翻译过程中发现问题、分析问题与解决问题的能力。

当然，没有哪一种教学方法可以长期普遍有效。教学方法受制于教学目标，每种教学方法都服务于特定的教学目标。判断教学方法优劣的标准，取决于在实现教学目标的过程中是否能够有效地协调各种因素并达到最好的教学效果。因此，教师开展课堂教学，还需结合校情与学情，针对不同教学方法的优缺点，科学合理地加以选择运用。

在团队合作方面，传统翻译课堂训练以学生个人完成为主，没有提供足够的需要团队成员共同完成任务的实践机会，使学生的团队合作精神与能力无法得到充分的发挥与发展。针对此问题，教师可将翻译训练的内容与行业现状以及岗位要求相结合，注重培养学生自觉的团队合作意识与良好的组织协调能力。翻译是一门实践性很强的课程，实践能力的培养对提高翻译水平尤其重要，这要求教师在教学过程中应特别关注不同学生的个性，有意识地通过多样化方式活跃教学过程，从而唤起学生的学习兴趣，培养并提高实际翻译能力。科学设计的翻译工作坊式课堂训练可在较大程度上实现这个教学目的：教师基于学生不同的学习程度与个性特征合理搭配，把全班分为若干个小组，结合课堂讲授的主题，布置适当且具体的翻译任务，以小组成员合作的形式完成。工作坊式课堂训练可让教师适时监控整个翻译实操过程，激发学生的主体意识与翻译兴趣，在开展工作坊式的训练环节时，为激发学生的积极性，教师应有意识地预先设计易于激发学生兴趣与潜力的任务。例如，在讲授汉英广告翻译专题时，教师可接着布置自创自翻的现场限时实践环节，由小组成员一起讨论酝酿出特定领域的汉语广告原文，阐释创意并运用课堂学习的原则与技巧翻译成英语，要求自创的原文与产出的译文都要借助适当的修辞手法以增强广告的表现效果。小组成员在教师的引导下讨论、分工与整合，在规定的时间内提交原文与译文。教师进而点评各小组所展示的翻译结果并提出改进的意见与建议，指导他们继续分工合作，完善并分享最终版译文，翻译应追求"没有最好，只有更好"的理念鼓励学生精益求精。翻译课堂上适当的团队合作训练有利于学生之间建立起建设性的相互学习与合作关系，共同面对并完成特定的翻译任务，也锻炼并提高了翻译市场所需的团队协调合作等方面的能力。此外，这种"教中学、学中教"的课堂模式也可促进翻译知识与行业岗位需求对接，为学生将来从事翻译工作做好必要的前期积累与准备。

（四）完善教学质量保障体系

翻译课堂的教学质量监控与保障，教学主导方——教师的质量意识是关键，教师的教学投入与效果如何，还需要学校各级教学质量保障体系的监督与推进。一方面，学校应建立具体明确的定位机制，制定相应的评价反馈机制，以防出现偏离目标的现象；另一方面，学校应加强管理，从领导层、监督层到执行层，要层层明确职责、落实责任，确保教学质量目标的实现。只有依托校—院—系各层级互动的质控体系运行与闭环式管理，才能把具体的质量保障措施落实到翻译教师所在的系部或教研室中。

1. 成立督导小组

为进一步提升英语翻译课堂教学的质量，建议成立一个专门的督导小组，负责监督和评估教学质量，并为教师提供专业支持和指导。该督导小组应由经验丰富、业务精湛的教师和教学管理人员组成，以确保其具备专业知识和判断力。

（1）设定督导指标

督导小组应制定明确的督导指标和评估标准，涵盖教学目标的达成、课堂教学方法与策略、学生参与度、教师的教学态度与风格等方面。这些指标应综合考虑学生的学习效果、跨文化交际能力的培养和教师的教学质量，确保教学全面发展。

（2）实施常规督导

督导小组应定期组织常规的教学督导活动，包括课堂观摩、听课评估、教学讨论等。通过实地观察和交流，督导小组可以全面了解教师的教学情况，评估其教学方法和效果，并给予及时的建议和指导。此外，督导小组还可以通过教师自评、同行评议等方式获得更全面的评价。

2. 同行听课评课

同行听课评课是一种有益的教学质量保障方式，可以促进教师之间的互动与学习，提高翻译课堂教学的质量。通过同行之间的相互观摩与评估，教师可以借鉴他人的经验和教学亮点，发现自身教学中的不足之处，并共同探讨如何改进和提升教学效果。

（1）组织听课与评课活动

学校或教研团队可以定期组织同行听课与评课活动。教师们可以相互邀请到彼此的课堂中观摩，并评价与讨论观摩后的课堂。这种形式的活动能够促进教师之间的交流与合作，分享教学经验和教学方法，共同提升教学水平。

（2）设定评课指标与标准

为了确保评课的有效性和针对性，应明确评课的指标与标准，可以包括教学目标的达成度、教学内容与布局、教学方法与策略、学生参与度和教师的教态与语言表达等方面。评课标准要具体明确，以便教师在评课过程中能够更有针对性地指导改进。

（3）提供建设性反馈

评课的目的是帮助教师发现问题并加以改进，因而在评课过程中，同行评价应注重提供建设性的反馈意见。评课人员可以针对教学中的优点和不足之处，提出具体的改进建议，并分享自己的教学经验和成功案例。这样的反馈可以激发教师的思考和创新，帮助其更好地调整教学策略和方法。

3. 学生学习反馈

学生的学习反馈在教学质量保障体系中具有重要的地位和作用。他们是直接参与课堂学习的主体，对教学效果和质量有着敏锐的感知和评价能力。因此，学生的学习反馈是评估教学质量的重要依据，应被纳入教学质量保障的体系中。

（1）学生座谈会

学校或教研团队可以定期组织学生座谈会，以便学生能够直接表达对课堂教学的看法和反馈。座谈会可以是小组讨论或整班交流的形式，学生可以提出他们对课堂内容、教学方法、教师的指导等方面的意见和建议。教师可以通过倾听学生的声音，了解他们的需求和期望，从而反思和改进自己的教学。

（2）评价系统和问卷调查

学校可以建立评价系统，供学生评价教师。通过评教系统，学生可以匿名地对教师的教学评分和评论，包括教学内容的充实性、教学方法的有效性、与学生的互动等方面。此外，学校还可以定期开展问卷调查，以收集学生对教学质量的评价和建议。通过这些评教和调查，学校能够获取大量的学生反馈，全面评估和分析教师的教学。

（3）建立学生教学评估档案

学校可以建立学生教学评估档案，记录学生的评教结果、座谈会意见等。这样的档案可以成为教师教学质量评估的重要参考依据，也可以帮助教师在职称晋升、绩效考核等方面提供客观的证据和依据。通过建立学生教学评估档案，学校能够全面记录和分析教师的教学表现，为教师的专业发展和个人成长提供支持和指导。

第七章　跨文化交际能力培养视域下的英语翻译教学实践

第一节　实践研究的背景和意义

一、实践研究的背景和动机

在过去的教学实践中，许多教师和学者已经开始关注英语翻译教学中跨文化交际能力的培养。然而，由于复杂的文化差异和语言障碍，翻译学习者在实际应用中仍然面临许多困难。因此，有必要开展实践研究，以深入探索如何在英语翻译教学中有效培养学生的跨文化交际能力。实践研究将通过教学实践和反思，从实际操作中获取经验和教训，为改进教学方法和策略提供有力支持。

（一）背景分析

在全球化的背景下，跨文化交际能力的重要性日益凸显。英语翻译作为一项涉及不同文化和语言之间的沟通任务，需要翻译学习者具备跨文化交际能力，以便准确地理解和传达不同文化背景下的信息。然而，传统的英语翻译教学往往注重语言和技巧的训练，而忽视了跨文化交际能力的培养。学生在实际应用中遇到文化差异和语言障碍时，常常无法有效应对，影响了翻译质量和交际的效果。因此，有必要开展实践研究，以提高英语翻译教学的质量和效果。

（二）动机

1. 填补研究空白

过去的研究主要关注语言和技巧的培养，对跨文化交际能力的研究相对较少。实践研究的动机在于填补这一研究空白，深入探索如何在英语翻译教学中培养学生的跨文化交际能力，以适应全球化背景下的需求。

2. 提高翻译实践能力

翻译学习者在实际翻译任务中常常面临文化差异和语言障碍，而仅仅掌握语言和技巧是不够的。实践研究旨在通过实践活动和案例研究，培养学生在实际情境中运用跨文化交际能力解决问题的能力，提高翻译实践能力。

3.促进文化理解和交流

跨文化交际能力的培养有助于促进不同文化之间的理解和交流。实践研究通过引入跨文化交际的教学策略和实践活动，帮助学生了解和尊重不同文化的差异，提高在跨文化交际中的适应能力和灵活性。

4.适应全球化需求

随着全球化进程的加速，跨文化交际能力成为英语翻译人才必备的核心素养。实践研究的动机在于培养具有全球视野和跨文化意识的翻译专业人才，使其能够适应和胜任跨国公司、国际组织和跨文化交流等多元化的工作环境。

5.满足社会需求

随着国际交流和合作的日益频繁，对具备跨文化交际能力的英语翻译人才的需求也不断增加。实践研究的背景和动机在于满足社会对高质量、高水平翻译人才的需求，为社会培养具备跨文化交际能力的专业人士，推动社会经济和文化发展。

总而言之，实践研究在英语翻译教学中的背景和动机主要来自对现有教学模式的不足和对培养学生跨文化交际能力的迫切需求。通过深入的实践探索和理论研究，实践研究旨在改进教学方法和策略，提高学生的跨文化交际能力，并为培养具备全球视野和国际竞争力的翻译人才作出贡献。

二、实践研究的目标和意义

实践研究的目标是通过系统的实践活动，促进英语翻译教学中跨文化交际能力的培养。这将有助于提高学生的语言表达能力、文化意识和解决问题的能力，使他们在跨文化交际场景中能够更加自信和有效地应对挑战。实践研究的意义在于通过深入的实践探索，为英语翻译教学提供可行性、有效性和创新性的教学方法和策略。同时，还可以促进教师的专业发展和教学改进，提高整体教学质量。

（一）跨文化交际视域下的英语翻译实践能力培养目标

基于上述挑战，跨文化交际视域下的英语翻译实践能力培养具有重要意义。

1.培养学生的跨文化意识和敏感性

英语翻译实践应当注重培养学生对不同文化之间差异的认识和理解。学生需要学会尊重、包容并适应不同文化的交际规范和价值观，从而在翻译过程中避免文化冲突和误解。

2.培养学生的文化解读与概括能力

学生需要具备对本土文化和目标文化的深入理解，能够在翻译过程中准确传达不同文化的含义和内涵，包括对文化背景、历史、社会制度、习俗等方面的了解，以及对文化差异的敏感度和分析能力。通过实践活动，学生可以接触和体验不同文化，提高对文化差异的认知，来培养自己的文化解读和概括能力。

3.培养学生的语言表达和翻译能力

英语翻译实践应重点培养学生的语言表达和翻译技巧。学生需要掌握英语语言的精确和流畅表达，同时能够准确地将源语言的意思转化为目标语言，确保信息的传达和准确性。实践研究活动可以提供丰富的翻译实践机会，帮助学生不断提升自己的翻译能力。

4.培养学生的问题解决能力和创新思维

英语翻译实践需要学生具备良好的问题解决能力和创新思维能力。在实践活动中，学生可能面临各种挑战和问题，需要运用自己的知识和技能解决。通过实践研究，学生可以培养解决问题的能力，同时激发创新思维，提出新颖的翻译方法和策略。

（二）跨文化交际视域下英语翻译实践能力培养的意义

1.提高翻译质量和准确性

通过跨文化交际视域下的实践研究，翻译人才能够更好地理解源语言和目标语言之间的文化差异，从而准确地传达信息。这有助于提高翻译质量和准确性，使翻译结果更符合目标文化的交际规范和需求。

2.增强跨文化交际能力

跨文化交际能力是现代社会中不可或缺的素养之一。通过英语翻译实践的培养，学生能够增强自己的跨文化交际能力，提高与不同文化背景的人有效沟通和合作的能力。

3.促进文化交流与理解

英语翻译实践培养的人才作为文化的传播者和桥梁，能够促进不同文化之间的交流与理解。他们能够将本土文化与目标文化有效的对话和传播，帮助人们更好地理解和欣赏不同文化的特点和价值观。这有助于增进文化多样性的认知和尊重，推动文化交流与融合。

4.适应经济文化全球化的需求

随着经济文化全球化的不断深化，翻译人才在国际合作、贸易、跨国公司等领域的需求越来越大。具备跨文化交际能力的英语翻译人才能够适应全球化的需求，为国际交流与合作提供专业支持，推动经济文化的发展和繁荣。

5.促进教师的专业发展与教学改进

实践研究的开展不仅有助于学生的能力培养，也对教师的专业发展和教学改进具有积极影响。教师通过实践研究能够深入了解学生的学习需求和问题，从而调整教学策略和方法，提升教学效果。同时，教师也能通过实践研究与其他领域的专业人士交流与合作，共同推动英语翻译教学的创新和发展。

总结而言，跨文化交际视域下的英语翻译实践能力培养具有重要的意义。通过实践研究，学生可以提高自己的语言表达能力、文化意识和问题解决能力，同时也能够促进文化交流与理解，适应经济文化全球化的需求，为国际交流与合作作出贡献。此外，实践研究还对教师的专业发展和教学改进具有推动作用。因此，跨文化交际视域下的英语翻译实践能力培养是一项重要且必要的任务，有助于培养具备全面素养和国际竞争力的翻译人才。

第二节　实践研究的方法和过程

一、丰富课程体系

在跨文化交际视域下，丰富英语翻译实践能力培养的课程体系是至关重要的。这需要通过创新教学方法与手段，构建学生主体的新型课堂，以满足学生在跨文化交际中所需的实践能力和专业素养。

首先，教学方法的创新是关键。传统的教学方法通常以教师为中心，注重知识的传授，而在跨文化交际视域下，应将教学方法从"教"转向"教与学"的改变。这意味着教师应更多地引导学生主动参与学习，通过案例式教学、研讨式教学和混合式教学等多种方法的融合，激发学生的学习兴趣和主动性。例如，可以开展基于工作项目的翻译教学模式，让学生参与实际翻译任务，强调实践性和团队协作能力的培养，从而提高学生的翻译能力和职业素养。

其次，教学实施需要精心制订教学计划和方案。教师应在课堂设置严密程序，合理分配时间，并充分利用多媒体教学手段选择和制作教学材料，以提高教学的效果和吸引力。此外，教学内容也应与时俱进，紧跟专业发展的步伐，根据学生的专业方向和需求，选择合适的翻译项目和材料开展教学。同时，还应注重教学内容的文化性和多元性融合，增设相关的文化概论、世界政治和经济等课程，将多学科知识融入翻译教学中，培养学生的文化意识和跨学科思维能力。

最后，与企业合作也是丰富课程体系的一种重要方式。可以邀请企业参与人才培养方案的制订和修改，开发模拟实践课程，如笔译工作坊、口译工作坊等，通过双师型教师引导学生开展实践训练，提升翻译能力。企业的参与可以提供实际的案例和项目，使学生能够更好地了解行业需求和实际工作环境，从而更好地适应经济文化全球化的要求。

二、凸显特色优势

在跨文化交际能力培养视域下，英语翻译教学实践模式具有多个凸显的特色和优势。

（一）整合跨学科知识，培养综合能力

跨文化交际能力培养要求学生具备跨学科的知识背景和综合能力。在英语翻译教学实践中，可以通过整合多学科知识，将语言、文化、政治、经济等领域的内容融入教学中。例如，引入文化概论、世界政治、经济学等课程，让学生了解不同文化背景下的价值观、社会制度和商业模式，从而在翻译过程中能更好地理解和传达跨文化信息。这种整合跨学科知识的教学模式有助于提高学生的综合分析能力、批判性思维和文化意识，为成为具有深度思考和综合素养的优秀翻译人才打下坚实基础。

（二）注重实践与项目驱动，培养专业技能

跨文化交际能力的培养需要学生具备实际操作和解决问题的能力。在英语翻译教学实践中，可以采用实践项目驱动的教学模式，让学生参与真实的翻译任务和项目，培养实际操作技能和解决问题的能力。例如，通过与翻译公司、跨国企业等合作，学生可以接触到真实的翻译需求和挑战，学习如何应对各种翻译难题、处理专业术语和表达风格等。同时，教师可以组织模拟翻译公司、承接翻译任务的方式，引导学生搭建翻译团队，共同完成翻译项目，培养团队合作精神和协作能力。这样的实践与项目驱动的教学模式能够加强学生的实际操作能力，使他们能够更好地适应职场环境和实际工作需求。

（三）充分利用高校资源和地域优势，拓宽视野

高校拥有丰富的资源和地域优势，可以充分利用这些优势凸显英语翻译教学实践的特色。首先，高校可以建立合作关系和交流平台，与国内外翻译机构、国际组织以及其他高校合作，共同开展翻译项目和实践活动。通过与外部机构的合作，学生能够接触到真实的翻译需求和工作环境，提高实践能力和专业素养。同时，高校可以邀请来自不同领域的专家和行业人士举办讲座和交流，为学生提供更广阔的学术视野和行业洞察力。

其次，地域优势也是英语翻译教学实践的重要资源。不同地区具有不同的文化特点和产业需求，高校可以利用地域优势，与当地企业、政府和社会组织合作，开展与地方特色相关的翻译项目和实践活动。例如，对地处国际贸易中心的城市，可以侧重于商务翻译和跨文化商务交流的实践；对地处文化名城的地区，可以注重文化翻译和文化交流的实践。通过与地方实际需求的结合，学生能够更好地理解和应用所学的翻译知识，提升实践能力和适应能力。

最后，高校还可以利用自身的资源优势，建立相关的实践平台和设施，为学生提供更好的教学环境和实践条件。例如，建立翻译实验室，配备专业的翻译软件和设备，让学生在模拟真实场景中开展翻译实践；建立外语交流中心或国际交流平台，提供与外国人语言和文化交流的机会。这些实践平台和设施的建设将为学生提供更广泛、更深入的实践体验，提升实际操作能力和跨文化交际能力。

三、搭建双师队伍

在跨文化交际能力培养视域下的英语翻译教学实践中，搭建双师队伍是一项重要的举措。这一策略旨在提高教师的专业素养和实践经验，以更好地满足学生的需求，并推动英语专业人才培养的质量和效果。

（一）鼓励教师参与翻译实践与学术活动

高校应积极鼓励英语翻译专业教师参与实际翻译项目和国内外教研与学术活动。这种参与可以让教师保持与行业最新发展的接触，更新自己的翻译知识和技能，提高教学的专业性和实践性。通过与专业翻译公司、研究机构以及其他高校的合作，教师可以与专业翻

译人员紧密合作，了解实际翻译工作的需求和挑战，将这些经验和案例融入教学中，使学生能够更好地理解和应用翻译理论。

（二）构建多元化教学团队

为了应对英语专业人才培养中的师资困难，高校可以构建多元化的教学团队，包括本校教师、兼职教师和外聘教师等多个角色的组合。本校教师作为主力军，负责基础理论课程的教学和学生的指导工作。兼职教师则可以是在翻译行业中有丰富经验的专业人士，可以为学生提供实际案例分析和指导，帮助学生掌握实践技能。此外，外聘教师可以是国内外知名学者或专业人士，通过专题讲座、短期培训等形式为学生提供最新的翻译理论和国际视野。通过多元化教学团队的合作，学生可以接触到不同层面、不同领域的知识和经验，拓宽视野，提高专业素养和实践能力。

（三）邀请企业参与人才培养方案制定与修改

为了使教学更紧密地与实际需求相结合，高校可以邀请企业参与英语翻译人才培养方案的制定与修改。企业在该领域具有丰富的实践经验和专业知识，能够提供真实的案例和需求，帮助学生更好地理解行业要求和实际工作环境。

1. 建立产学合作项目

高校与翻译行业的合作可以包括共同开展翻译项目、实习机会以及企业讲座等形式。通过与企业合作，学生可以参与真实的翻译项目，将所学知识应用于实际工作中，提升实践能力和解决问题的能力。

2. 邀请企业专业人士担任兼职教师

企业专业人士可以作为兼职教师，为学生提供专业指导和实际案例分析，分享自己的经验和行业见解。他们可以讲授特定领域的知识，引导学生了解行业发展动态和市场需求，使学生的学习更贴近实际应用。

3. 共同开发特色课程

高校与企业可以共同制订和修改课程，结合实际需求和行业发展趋势，开设与翻译实践紧密相关的专业课程。这些课程可以围绕特定领域的翻译需求，培养学生的专业技能和职业素养。企业的参与可以确保课程的实用性和前瞻性，使学生能够紧跟行业发展的步伐。通过搭建双师队伍与企业的紧密合作，英语翻译教学实践能够更好地满足学生的需求，培养学生的跨文化交际能力。教师的专业素养和实践经验的提升，多元化教学团队的构建以及与企业的合作，将为学生提供更广阔的学习平台和实践机会，为他们的职业发展打下坚实的基础。同时，这种双师模式也能够加强高校与社会的联系，促进产学研合作，推动行业的发展与创新。

四、拓展实践平台

在学生职业需求导向下，构建跨文化交际实践环境，并将实践教学贯穿培养全过程，可以更好地培养学生的实践能力和专业素养。在拓展实践平台方面，可以从拓展第二课堂和深化校企合作两个方面展开。

（一）拓展第二课堂

在跨文化交际能力培养视域下的英语翻译教学实践中，拓展第二课堂起到了重要的作用。通过为学生提供丰富多样的课外活动，拓展实践平台可以激发学生的积极性和主动性，促使他们在真实的翻译实践中提升自己的能力。

首先，校内的笔译工作坊和口译工作坊可以成为学生实践的重要平台。这些工作坊的设立旨在为学生提供一个模拟真实翻译环境的学习空间。学生可以承接各类翻译项目，包括文本翻译、口译任务等，通过实际的翻译任务训练和提升自己的翻译能力。在工作坊中，双师型教师可以担任指导角色，通过案例分析和实践指导，引导学生运用所学的翻译技巧和理论知识，解决实际翻译中的问题，培养翻译思维和应用能力。

其次，工作坊的活动可以包括小组讨论、实践演练、对照分析等多种形式。学生可以在小组中合作完成翻译任务，通过互相交流和讨论提高自己的翻译水平。实践演练可以让学生在模拟的情境中开展口译或同声传译，锻炼他们的口语表达和听译能力。对照分析则是通过比较原文和译文之间的差异，帮助学生发现自己翻译中存在的问题，并寻找改进的方法。

最后，工作坊还可以组织一些专题讲座和工作坊活动，邀请行业内的专业人士或资深翻译家来分享经验和翻译技巧。这样的活动不仅能够拓宽学生的视野，了解翻译领域的最新动态，还能够为学生提供与专业人士交流的机会，促进学术与实践的结合。

另外，学校可以鼓励学生积极参与各类翻译比赛和活动。翻译比赛可以是校内组织的比赛，也可以是与其他高校或翻译机构合作的比赛。通过参与各类翻译比赛和活动，学生可以在实践中锻炼自己的翻译技能，并与其他同学比较和交流。这种竞争和合作的环境能够激发学生的学习热情和进取心，促使他们不断提高自己的翻译能力。

（二）组织翻译社团和参加翻译类竞赛等活动

通过社团活动，学生可以体验翻译工作的氛围，与同好交流，共同提升翻译技能。参加翻译类竞赛可以锻炼学生的应变能力和团队协作能力，提高在实践中的竞争力。此外，举办翻译讲座可以邀请行业内的专业人士或相关领域的学者分享经验及最新研究成果，让学生了解翻译领域的前沿动态，拓宽视野。

首先，组织翻译社团是为学生搭建一个共同学习和交流的平台。翻译社团可以由学生自发组织，也可以由学校提供支持和指导。社团的成员可以是对翻译感兴趣的学生，他们可以通过参加社团活动提高自己的翻译技能。社团活动可以包括翻译讨论会、翻译作品分享、实践项目合作等。通过与其他成员的互动和合作，学生可以从彼此的经验和观点中受益，共同提高翻译水平。此外，翻译社团还可以组织一些专题讲座、研讨会等活动，邀请行业内的专业人士或相关领域的学者分享经验和最新研究成果，为学生提供学习和交流的机会。

其次，参加翻译类竞赛是提高学生翻译能力和竞争力的重要途径之一。翻译类竞赛可以是校内组织的比赛，也可以是与其他高校或翻译机构合作的比赛。参加竞赛可以让学生在一定的压力下展示自己的翻译能力，锻炼应变能力和团队协作能力。竞赛中的评审和反馈也能帮助学生发现自己的不足之处，并促使他们不断改进和提高。此外，竞赛还为学生提供了与其他优秀学子交流和学习的机会，激发他们的学习热情和进取心。

最后，举办翻译讲座是拓宽学生视野、了解翻译领域前沿动态的重要方式。学校可以邀请行业内的专业人士或相关领域的学者分享他们的经验和最新研究成果。这些讲座可以涵盖翻译技巧、翻译理论、翻译技术、跨文化交际等多个方面。通过听取专业人士的讲解和分享，学生可以了解到翻译领域的最新动态和发展趋势，拓宽自己的知识领域，提升对翻译工作的认识和理解。

在翻译讲座中，学生可以学习到专业人士的实际经验和成功案例，了解他们在翻译实践中的挑战和解决方法。专业人士的分享可以帮助学生建立正确的翻译观念和工作态度，激发他们对翻译事业的热情和动力。此外，学生还可以通过讲座与专业人士互动和交流，提出问题和疑惑，获得针对性地指导和建议。

（三）深化校企合作

深化校企合作是将学校与企业紧密结合，为学生提供更广阔的实践机会和实习基地。通过学校、学生、教师、企业之间签订合作协议，可以统一组织实习活动，并制订在岗实习的考核标准和管理机制。学生在实习基地平台上，由双师型教师指导，参与各类翻译工作，将课堂上学习到的理论知识应用于实际工作中，提升翻译技能和实践能力。这种校企合作可以为学生提供真实的工作环境和实践机会，帮助他们更好地了解翻译行业的需求和要求。同时，与企业的深入合作还能够使学校的翻译教育与实际工作需求更加契合，提高培养质量和就业竞争力。

首先，深化校企合作可以为学生提供真实的工作环境和实践机会。通过与企业合作，学生可以接触到真实的翻译项目和工作场景，了解行业的运作规律和需求。学生可以在实践中应用课堂上学习到的翻译技巧和知识，提升自己的实践能力和专业素养。与此同时，学生还能够与企业的专业人士交流和互动，获得宝贵的指导和经验分享。

其次，深化校企合作可以提高学校的翻译教育与实际工作需求的契合度。通过与企业的紧密合作，学校可以及时了解翻译行业的发展动态和人才需求，调整和优化教学内容和方法。学校可以邀请企业的专业人士参与课程设计和教学评估，确保教学的实用性和职业导向性。同时，学校还可以与企业共同开发特色课程，根据行业需求培养具有特定专业能力的人才，提高学生的就业竞争力。

最后，深化校企合作可以促进师生之间的互动和合作。通过与企业的合作，学校的教师可以深入了解行业的最新趋势和专业技术，更新教学内容和方法。教师可以与企业的专业人士开展学术交流和合作研究，共同推动翻译领域的发展和创新。同时，学校的教师可以充分发挥自身的专业知识和教学经验，为企业提供翻译咨询和培训服务，建立良好的校企互利合作关系。

第三节　实践研究的结果和反思

一、实践教学短板

在跨文化交际能力培养视域下的英语翻译教学实践中，实践教学存在一些短板，主要表现在实践环节所占比例较小，对第二课堂的重视程度不足，以及实践活动形式和环境的限制。

（一）对实践教学重视程度不足

实践教学在英语翻译教学中的比例相对较小，这一现象源于传统翻译教学过于偏重理论教学，对实践环节的安排和重视程度有所欠缺。传统教学模式更注重语言和文化知识的传授，学生在课堂上主要是书面化的练习，如文本分析和语言转换，而在真实的翻译环境中实践的机会相对较少。

首先，传统翻译教学更加倾向于理论知识的灌输，忽视了实践教学的重要性。课堂教学往往聚焦于翻译理论的学习，包括语言知识、文化背景和翻译技巧等方面的讲解。这种理论导向的教学方法限制了学生对实际翻译任务的理解和应用能力的培养。学生在课堂上的练习主要以书面化的形式开展，缺乏与真实翻译环境相匹配的实践体验，因而在实际工作中可能会遇到困难和挑战。

其次，实践教学的时间和资源投入相对有限。传统翻译教学中，实践教学往往被较少的课时限制，导致无法充分覆盖学生在真实翻译环境中所需的技能和知识。学校可能无法提供足够的实践机会和资源支持，如实习岗位、外语实验室设备和相关资料等。这种情况使得学生在实际翻译中的应用能力得不到有效提升，难以适应真实工作环境的要求。

最后，传统教学模式下对实践教学的重视程度不高，缺乏对实践教学的有效引导和评估机制。教师在课堂上往往更关注理论知识的传授和学生的语言表达能力，而对学生在实际翻译中的实践能力培养和发展较少关注。学校可能缺乏对实践教学的规范和指导，无法提供有效的实践指导和评估体系，这导致学生在实际应用中的翻译能力发展受到一定的限制。

（二）对第二课堂的重视程度不足

第二课堂是指学生在校外开展的各类课外活动，包括参加翻译社团、翻译类竞赛、翻译讲座等。这些活动为学生提供了实践的机会，帮助他们在真实的翻译环境中锻炼跨文化交际能力。然而，由于学校和教师对第二课堂活动的引导和重视程度不足，导致学生对其参与的重要性认识不足，从而影响实践教学的效果。

首先，学校和教师在课程设计和教学安排上未充分重视第二课堂的作用。传统的翻译教学往往偏重于课堂内的理论教学和知识传授，忽视了实践环节的安排和培养。学校和教师应该意识到第二课堂活动对学生综合素养和跨文化交际能力的培养具有重要意义，将其纳入课程体系，并合理安排课程时间，确保学生有足够的时间参与第二课堂活动。

其次，学校和教师对第二课堂活动的引导和指导不够充分。学校应该建立完善的第二课堂管理机制，明确学生参与的渠道和方式，并提供相关资源和支持。教师在课堂教学中应该引导学生积极参与第二课堂活动，并将其与课堂所学知识相结合，促进理论与实践的有机结合。同时，教师还可以在第二课堂活动中担任指导角色，与学生一同参与和探索，共同成长。

最后，一些第二课堂活动形式单一、流于形式，缺乏创新和多样性。学校和教师应该鼓励学生参与多样化的第二课堂活动，如组织实地考查、开展翻译项目、举办翻译比赛等。这样可以激发学生的兴趣和动力，提高他们的参与度和学习效果。同时，学校和教师应该鼓励学生创新，组织学生自主策划和组织的第二课堂活动，培养学生的领导能力和团队合作精神。通过丰富多样的第二课堂活动，学生可以在实践中学习到更多的技能和知识，提高跨文化交际能力。

（三）实践活动的形式和环境的限制

首先，传统的教学实践更偏向于书面化和静态的翻译环境，这使得学生在实践中更加注重语言和文化翻译，而对跨文化交际能力的培养相对较少。在这种环境下，学生往往缺乏对真实翻译场景中语境、文化差异和交际情境的全面理解和应对能力。因此，他们可能在实际翻译任务中感到困惑和挑战，因为缺乏在真实环境中运用所学知识和技巧的经验。

其次，学校与企业间合作深度和广度的不足也限制了学生在实践活动中的参与度和体验感。一些地方高校与企业的缺乏深入合作，导致学生难以深入企业实习或参与真实的翻译项目。这主要是因为社会资源有限，中小型企业对翻译人才的需求较小，难以提供足够的实践机会。缺乏与市场有效接轨的实践机会，学生无法真正体验以实践为目的、以职业为导向的"浸润式"课外实践教学。这种限制使得学生在毕业后面临更多的困难，因为他们缺乏与社会实际需求的结合，无法充分适应职业翻译领域的挑战。

二、实践教学的启示

实践教学在跨文化交际能力培养视域下的英语翻译教学中起着重要的作用。通过实际的跨文化交际实践活动，学生可以运用所学知识和技能，增进对不同文化的理解和应对能力。

（一）课程设置方面的启示

针对跨文化交际能力培养视域下的英语翻译教学实践，课程设置应注重整合理论知识和实践技能的教学内容。启发学生从理论到实践的转化，通过理论知识的学习和实践技能的培养相结合，提高学生的综合素养和跨文化交际能力。在课程设计中，可以增加与跨文化交际相关的专业课程，如跨文化传播、国际商务翻译等，以加强学生对跨文化交际背景和实践需求的理解。

此外，课程设置还应强调实践教学的连续性和渗透性。实践环节应贯穿于整个课程体系中，不仅仅是一个孤立的模块。在不同学期和不同课程中，都应融入一定的实践元素，让学生在不同阶段均能逐渐提升实践能力和跨文化交际能力。

（二）教学材料选择方面的启示

教学材料的选择应充分考虑跨文化交际的多样性和实际应用性。教师可以选用包含真实案例、真实文本和真实场景的教学材料，让学生接触到不同文化背景和语境下的实际翻译任务，提升他们的实践能力和应对能力。同时，可以利用多样化的媒体资源，如新闻报道、电影片段、社交媒体内容等，引导学生开展跨文化交际分析和翻译实践。

（三）教学方法改进方面的启示

在教学方法上，需要注重学生的主动参与和实践体验。教师可以采用项目驱动的教学模式，组织学生参与真实的翻译项目，通过实际操作和反思总结，提高学生的实践能力和团队合作能力。此外，可以引入案例分析和问题解决的教学方法，培养学生的分析思维和解决问题的能力，帮助他们在实际跨文化交际中更加灵活应对各种挑战。

（四）跨文化交际实践活动方面的启示

跨文化交际实践活动的设计应注重多样性和创新性。可以组织学生参加文化交流活动、模拟跨文化交际情境、开展角色扮演和案例分析等。这样的实践活动能够模拟真实的跨文化交际环境，让学生在实际操作中锻炼和提升自己的跨文化交际能力。同时，为了增加实践活动的吸引力和参与度，可以引入现代科技手段，如利用在线平台进行虚拟跨文化交流，使用多媒体资源展示不同文化的特点和交际方式。

实践活动的组织应注重与社会资源的合作与共享。学校可以与企业、机构、社团等建立合作关系，开展联合实践项目。通过与企业合作，学生可以接触到真实的工作场景和项目需求，从而更好地理解职业实践的要求。同时，学校可以与翻译社团、文化交流组织等合作开展活动，提供更多的实践机会和资源，丰富学生的跨文化交际体验。

实践活动的评估应注重全面性和个性化。评估过程应包括对学生跨文化交际能力的语言表达、跨文化意识、文化适应能力、解决问题的能力等多个方面。评估方式可以包括口头演讲、实际交流任务、项目报告、团队合作评估等。同时，应充分考虑学生的个体差异和专业需求，在评估过程中给予个性化的指导和反馈，帮助学生发现自身的优势和改进的方向。

实践活动的反思和总结是重要的环节。学生应被鼓励在实践活动结束后反思和总结，深入思考自己在实践中遇到的问题、取得的成果以及需要改进的方面。教师可以引导学生开展自我评估和团队评估，通过互相交流和分享经验，促进学生的成长和进步。同时，教师也反思和总结实践活动的效果，及时调整教学策略和方法，提高实践教学的质量和效果。

（五）评估方法方面的启示

在评估学生的跨文化交际能力时，应采用多元化的评估方法。传统的书面考试难以全面评估学生在实际跨文化交际中的能力，因而可以结合口头表达、演示和展示等形式。例如，可以组织学生开展口语交流任务，评估其在真实情景中的语言表达和跨文化交际策略运用能力。此外，还可以设计项目报告、团队合作评估等形式，综合评估学生的实践能力和团队合作能力。

（六）不同专业领域的启示

不同专业领域对跨文化交际能力的要求有所差异，因而在教学实践中应针对不同专业领域制订相应的培养策略和实践经验。例如，在商务翻译领域，可以加强学生的商务背景知识和商务交际技巧的培养；在法律翻译领域，可以注重学生对法律体系和法律文化的理解；在医学翻译领域，可以强调学生对医学知识和医学专业术语的掌握。因此，针对不同专业领域的特点和需求，制订有针对性的教学计划和实践活动，以提高学生的专业素养和实践能力。

跨文化交际能力培养视域下的英语翻译教学实践中，实践教学的启示涉及课程设置、教学材料选择、教学方法改进、跨文化交际实践活动和评估方法等方面。通过合理的课程设计、多样化的教学材料、灵活的教学方法、丰富的实践活动和全面的评估方法，可以促进学生跨文化交际能力方面的培养。此外，根据不同专业领域的特点和需求，制订有针对性的教学策略和实践经验，为学生提供更加实用和有效的跨文化交际能力培养。这些启示和建议为相关教师和教育机构提供了借鉴和参考，有助于提升英语翻译教学的实践效果和学生的综合素养。

第八章　跨文化交际能力培养视域下的英语翻译教学创新

第一节　跨文化交际能力与英语翻译教学的关系

一、跨文化沟通与语用准确性

跨文化交际能力还要求翻译者具备良好的语用能力，能够根据不同的文化背景和交际场景恰当地语言表达。在翻译过程中，学生需要考虑到不同文化之间的语言习惯、礼貌用语、交际方式等，以确保翻译的语用准确性；需要了解并运用不同文化间的交际规范，避免语言上的误解和不当的表达。

（一）不同文化之间的语言习惯和交际方式

跨文化沟通涉及不同文化之间的语言习惯和交际方式，每个文化都有独特的语言规范、礼貌用语和表达方式。翻译者需要通过学习和了解目标语言所属文化的社会、历史和价值观等方面的知识，以熟悉目标语言的规范用语。

1. 语言规范和习惯

不同文化对语言使用的规范和习惯存在差异。学生需要了解和掌握目标语言所属文化的语言规范，包括词汇选择、语法结构和语言风格等方面。例如，在某些文化中，使用委婉语或间接表达方式被视为礼貌和恰当，而在其他文化中，直接而直率的表达方式更受欢迎。学生需要学会根据文化的要求，选择适当的表达方式，以确保翻译的语用准确性。

2. 礼貌用语和交际方式

不同文化对礼貌用语和交际方式有着不同的看法和实践。学生需要了解并运用目标语言文化中常见的礼貌用语，如问候语、道歉语和感谢语等。此外，还需要了解目标语言文化中的交际方式，如面对面交流、书面沟通和非语言交际等。通过了解和实践，学生可以在翻译过程中根据文化要求选择适当的表达方式，确保语用准确性。

3. 隐含意义和非语言符号

语言的含义不仅仅体现在字面上的表达，还包括隐含意义和非语言符号。不同文化之间对隐含意义的理解和解释可能存在差异，因而学生需要通过学习和了解目标语言文化的非语言符号和隐含意义，以更好地翻译。例如，微笑、姿态和眼神等非语言符号在不同文化中可能有不同的解读和意义。学生需要理解并适应这些非语言符号，以确保翻译结果的语用准确性。

（二）文化间的语境差异

跨文化交际能力要求学生在翻译过程中考虑文化间的语境差异，即语言使用的具体环境和背景，包括场景、关系、时间等因素，会对语言的理解和表达产生重要影响。学生需要学会根据不同文化的语境要求，选择适当的词汇、句式和语调，以确保翻译的语用准确性。

首先，语境对语言理解至关重要。同一句话在不同的语境中可能产生不同的含义。学生需要了解并运用目标语言文化中常见的语境要素，如社会背景、历史背景和特定场景下的用语规范等。例如，在法律文件的翻译中，学生需要根据特定的法律语境选择合适的术语和表达方式，以确保翻译的准确性和专业性。

其次，语境也包括人际关系和交际方式。不同文化对人际关系的看法和处理方式存在差异。学生需要了解目标语言文化中人际关系的特点，如权力结构、社会地位和亲疏关系等，以选择适当的表达方式。例如，在商务交际中，学生需要根据目标语言文化的要求，运用正式和礼貌的表达方式，尊重对方的地位和身份，以建立良好的业务关系。

最后，时间和地点也是语境的重要因素。不同文化对时间的理解和使用方式可能存在差异，影响到语言的表达。学生需要学会根据目标语言文化中对时间的看法和用法，选择适当的词汇和表达方式。例如，在某些文化中，时间观念更加强调准时和效率，而在其他文化中，时间可能更加灵活和弹性。学生需要适应目标语言文化的时间观念，确保翻译结果符合文化习惯。

在跨文化沟通中，语境的理解和运用对确保语用准确性至关重要。学生需要通过学习和实践，不断积累对目标语言文化的了解，以便在翻译过程中能够根据不同的语境要求做出适当的调整。这需要学生具备逻辑性思维和分析能力，能理解和解读不同语境下的意义，并将其转化为准确、恰当的翻译。

（三）文化间的语用差异

文化间的语用差异指的是不同文化对语言使用和解释方式的差异。这些差异包括社会礼仪、交际方式、隐喻和象征、表达方式等方面，并对翻译工作产生了深远影响。学生需要学会识别和理解这些差异，并能够将其应用到翻译实践中，以确保翻译的语用准确性。

首先，不同文化对社会礼仪和交际方式有着独特的要求和习惯。学生在翻译时需要注意源语言和目标语言文化之间的差异，并根据目标语言的社会礼仪和交际方式选择适当的表达方式。例如，在一些文化中，使用直接的表达方式可能被视为粗鲁或冒犯；而在其他文化中，直接表达则被视为直率和坦诚。学生需要了解并运用不同文化间的交际规范，避免语言上的误解和不当的表达。

其次，隐喻和象征在不同文化中可能具有不同的意义和解读。学生需要了解目标语言文化中常见的隐喻和象征，以确保翻译的准确性和恰当性。隐喻和象征的正确运用对传递原文的含义和修辞效果至关重要。例如，某个隐喻在源语言中可能是常见的，但在目标语言中可能没有类似的表达方式，或者具有不同的文化背景和解释。学生需要在翻译中灵活运用隐喻和象征，根据目标语言文化的习惯适当地转换和调整。

最后，表达方式也受到文化背景的影响。每个文化都有独特的语言规范、礼貌用语、表达方式等。学生需要通过学习和了解目标语言所属文化的社会、历史、价值观等方面的知识，熟悉目标语言的用语规范。在翻译过程中，学生需要考虑到不同文化之间的语言习惯，选择合适的表达方式，避免语言上的误解和冲突。例如，在某些文化中，使用委婉语或者间接表达是一种常见的表达方式，以示尊重和礼貌；然而，在其他文化中，直接、坦率的表达可能更为重要。因此，学生需要具备对不同文化表达方式的理解和适应能力，根据具体情境选择合适的表达方式，以确保翻译的语用准确性。

跨文化沟通中的语用准确性还涉及文化间的语境差异。语境是指语言使用的具体环境和背景，包括场景、关系、时间等因素。不同文化的语境对语言理解和表达有着重要影响。学生需要学会根据不同文化的语境要求，选择适当的词汇、句式和语调。例如，在商务交际中，正式和礼貌的表达方式可能更受重视；而在非正式的社交场合中，轻松和亲切的表达方式可能更适合。通过学习和实践，学生可以逐渐掌握跨文化交际中的语境要求，确保翻译的语用准确性。

此外，语言的使用也受到社会角色和身份认同的影响。在不同的社会角色和身份认同下，人们对语言使用方式和表达方式有着不同的要求。学生需要学会根据不同角色和身份的要求调整语言。例如，对长辈或上级，学生需要使用恰当的敬语和尊称，以示尊重；而对朋友或同龄人，学生可以使用更为随意和亲切的表达方式。这种语用准确性的调整需要学生具备对不同社会角色和身份的了解和敏感度。

学生在翻译过程中需要考虑到文化间的语用差异，包括社会礼仪、交际方式、隐喻和象征、表达方式等方面；需要理解并运用不同文化间的交际规范，避免语言上的误解和不当的表达。通过培养跨文化交际能力，学生能够提高翻译的语用准确性，实现跨文化沟通的有效传达和理解。

二、跨文化意识与信息传达效果

学生通过学习跨文化交际，可以培养对不同文化之间差异的敏感性和理解力，能够更好地判断源语言信息对目标语言受众的有效性和适应性，并相应地调整和转换。他们需要考虑到文化背景对信息理解和接受的影响，确保翻译的信息传达能够在不同文化之间产生预期的效果。

（一）跨文化意识对翻译中的信息理解至关重要

在不同的文化背景下，人们对语言、价值观、行为习惯等方面有着独特的认知和理解方式。因此，学生需要通过学习和研究不同文化的社会、历史、宗教、价值观等方面的知识，以获取对这些文化背景的深入了解。这种跨文化意识的培养可以帮助学生更好地理解源语言信息背后所蕴含的文化内涵和意义，从而能够准确地将其转化为目标语言的表达。

首先，学生需要学习和了解源语言和目标语言所属文化的社会和历史背景。每个文化都有独特的历史演变和社会发展，这些因素对人们的价值观、信仰体系和行为习惯有着重要的影响。通过研究不同文化的历史和社会背景，学生可以更好地理解文化之间的差异，并在翻译中避免出现文化冲突或误解。

其次，学生还需要了解不同文化的价值观和观念体系。价值观是人们对正确与错误、好与坏、重要与次要等方面的评判标准和信仰体系。不同文化对价值观的重视和偏好存在差异，这也会在语言和表达方式中反应出来。通过学习不同文化的价值观，学生可以更好地理解源语言信息中所蕴含的价值取向，并在翻译中予以恰当的传达。

最后，学生还应该了解不同文化的行为习惯和社交礼仪。不同文化对待时间、空间、身体接触和礼貌用语等方面有着不同的规范和习惯。这些行为习惯和社交礼仪在语言交流中起着重要的作用，因为它们会影响语言的选择、语调的运用和表达方式的适应性。学生需要学会在翻译中考虑并适应不同文化的行为规范，以确保翻译的信息能够在目标语言文化中得到准确和恰当的理解。

（二）跨文化意识对翻译中的信息传达效果起到指导作用

在翻译时，学生需要考虑到不同文化之间的语言习惯、表达方式、隐喻和象征等因素，以确保翻译的信息能够在目标语言文化中产生预期的效果。这种跨文化意识的培养使学生能够识别并恰当地调整源语言和目标语言之间的差异，以确保信息的传达与接受者的文化背景相契合。

首先，语言习惯是跨文化意识中的重要方面。不同文化之间存在着不同的语言使用习惯，包括词汇的选择、句式的构造以及语言的直接与间接程度等。学生需要了解源语言和目标语言文化中的语言习惯差异，避免将源语言的语言习惯直接翻译到目标语言中，而是根据目标语言的语言习惯适当地调整和转换。

其次，表达方式在不同文化中可能具有不同的含义和效果。同样的词语或表达在源语言和目标语言文化中可能存在差异。学生需要学会识别并恰当地调整这些差异，以确保信息在目标语言文化中的传达能够产生预期的效果。例如，某个词语在源语言中可能具有特定的情感色彩或象征意义，但在目标语言中可能没有相应的文化关联。在翻译时，学生需要考虑目标语言读者的文化背景，选择恰当的词语和表达方式，以传达源语言信息所蕴含的情感色彩或象征意义。

最后，学生还需要关注隐喻和象征的跨文化差异。隐喻和象征是语言中常见的修辞手法，以非字面的方式传递信息和意义。不同文化对隐喻和象征的理解和使用可能存在差异。学生需要学会识别和解读源语言中的隐喻和象征，并在翻译中考虑目标语言文化背景和读者的接受能力；需要判断隐喻和象征在目标语言文化中的效果，并根据需要适当地调整和转换。这样可以确保翻译的信息在不同文化之间产生预期的效果，并避免因隐喻和象征的误解而导致信息的歧义或错误解读。

（三）跨文化意识还涉及非语言因素的理解和运用

非语言因素在跨文化交际中的作用不可忽视，可以为言语传达提供补充和辅助，同时也可以传递丰富的文化信息和情感表达。肢体语言、面部表情、姿态和声音语调等非语言因素在不同文化中可能具有不同的意义和解读方式。因此，学生需要具备跨文化意识，了解和尊重不同文化对非语言因素的重视程度和表达方式。

首先，肢体语言是人们通过身体动作和姿态传达信息和表达情感的。不同文化对肢体语言的解读方式可能存在差异。例如，某些手势在一种文化中可能是友好和亲切的表达，但在另一种文化中可能具有冒犯或不礼貌的含义。学生需要学会观察和理解不同文化中的肢体语言，并在翻译中选择合适的肢体表达方式，以确保信息传达的准确性和有效性。

其次，面部表情也是非语言传达中重要的组成部分。不同文化对面部表情的解读方式可能存在差异。一些表情在一种文化中可能被视为友好和欢乐的表达，但在另一种文化中可能被视为不真诚或不恰当的行为。学生需要通过学习和观察，了解不同文化中的面部表情的含义，并在翻译中运用恰当的面部表情，以更准确地传达信息和情感。

最后，声音语调也扮演着重要的角色。声音的音调、节奏和语气可以传递丰富的信息和情感。不同文化对声音语调的理解和喜好也可能存在差异。学生需要注意不同文化中声音语调的习惯和解读方式，并在翻译中灵活运用适当的声音语调，以确保信息传达的准确性和感染力。

学生需要学习和研究不同文化对肢体语言、面部表情和声音语调的解读方式，并在翻译中恰当地运用，以增强信息传达的有效性和准确性。这需要学生开展跨文化交际的实践和观察，并通过反思和反馈不断增强自己的跨文化意识和翻译能力。只有充分了解和尊重不同文化中非语言因素的作用，翻译者才能更好地传达信息，避免误解和冲突。

三、跨文化解释与文化中介角色

在跨文化交际中，翻译者不仅仅是将源语言转换为目标语言的工具，更重要的是扮演文化中介的角色。他们需要理解和传达不同文化之间的差异，包括认知模式、价值观念和社会习俗等方面。通过跨文化解释和传达，翻译者能够促进文化之间的相互理解和沟通。

（一）跨文化解释要求翻译者了解不同文化之间的认知模式差异

不同文化对时间观念、空间观念和个人与集体关系等方面有着不同的认知方式和理解模式。这些差异会对信息的解释和传达产生重要影响，因而翻译者必须具备跨文化意识，以便在翻译过程中准确理解源语言的信息，并将其转化为符合目标语言文化的表达方式。

首先，时间观念是不同文化之间认知模式差异的一个重要方面。一些文化强调时间的线性流动，注重按时完成任务和遵守时间表，被称为"时间导向型"文化；而另一些文化则更加弹性，强调事件的顺序和持续性，被称为"事件导向型"文化。在翻译过程中，翻译者需要意识到时间观念的差异，并在适当的情况下调整表达方式，以确保信息的准确传达。

其次，空间观念也是跨文化解释中需要考虑的因素之一。不同文化对空间的理解和利用方式存在差异。例如，一些文化更注重个人空间的隐私和保护，而另一些文化则更加强调集体空间的共享和互动。翻译者需要了解并运用适当的表达方式，以在目标语言中准确传达源语言中关于空间的信息。

最后，个人与集体关系也是跨文化解释中需要重视的方面。不同文化对个人与集体之间关系的理解和重视程度存在差异。一些文化强调个体的独立性和自主性，而另一些文化则更加强调集体的互助和团结。翻译者需要了解目标文化中的个人与集体关系的价值观念，并在翻译过程中运用适当的表达方式，以确保信息的准确传达和接收。

（二）跨文化解释还需要翻译者了解不同文化之间的价值观念差异

每个文化都有独特的价值体系和道德准则，这些价值观念涉及人际关系、权利与义务、个人与群体等方面。翻译者需要通过学习和研究不同文化的价值观念，将源语言中的信息调整为符合目标文化价值观的表达方式，以确保信息传达的准确性和有效性。

首先，不同文化对人际关系的看法存在差异。一些文化注重个人独立和自主性，强调个人权利和自由；而其他文化则更加强调集体利益和人际关系的互助性。这种差异可能会在翻译过程中产生影响，因为在不同文化中，对待权力、责任和义务的态度可能会有所不同。翻译者需要了解目标文化的价值观念，将源语言中关于人际关系的信息调整为符合目标文化的表达方式，以确保信息能够准确传达并获得接受。

其次，不同文化对权利与义务的理解也存在差异。一些文化强调个人权利和自由，认为个体应该追求自己的利益和幸福；而其他文化则更加强调个人责任和义务，认为个体应该为集体的利益和福祉负责。这种差异在翻译过程中需要特别注意，翻译者需要在转化源语言信息时，考虑目标文化对权利与义务的看法，并选择相应的表达方式，以确保信息的准确传达和接收。

最后，不同文化对个人与群体关系的理解也存在差异。一些文化强调个人的自主性和个体的独立性，认为个体应该追求个人利益和目标；而其他文化则更加强调群体的利益和团体的凝聚力，认为个体应该为群体的共同利益和目标贡献自己的力量。翻译者需要了解目标文化的价值观念，将源语言中关于个人与群体关系的信息转化为符合目标文化的表达方式，以确保信息的准确传达和接收。

（三）翻译者在跨文化解释中与不同文化之间的社会习俗和行为规范

在跨文化解释中，翻译者除了需要了解不同文化之间的认知模式和价值观念差异外，还需要考虑不同文化之间的社会习俗和行为规范。每个文化都有独特的社会习俗、礼仪规范和行为准则，这些因素对信息的理解和接受具有重要的影响。翻译者需要学习和了解这些文化特点，以在翻译过程中选择合适的表达方式和语言风格，避免因不当的表达而引起误解或冲突。

首先，社会习俗是不同文化之间的重要差异之一。社会习俗包括人们在不同场合下的行为规范、礼仪仪式和交往方式等。例如，某些文化重视面子和尊重，可能在交流中更注重礼貌和尊敬；而其他文化可能更加注重直接和坦诚的表达方式。翻译者需要了解目标文化的社会习俗，将源语言中的信息转化为符合目标文化的交流方式，以确保信息传达的准确性和适应性。

其次，行为规范也是跨文化解释中需要考虑的因素之一。不同文化对行为的期望和规范存在差异。例如，在某些文化中，默许和间接表达被视为一种社交技巧；而在其他文化中，直接和坦诚的表达方式更受重视。翻译者需要了解目标文化中的行为规范，选择适当的表达方式，以确保信息能够准确传达并获得接受。

最后，文化特定的节日、庆祝活动和仪式也是跨文化解释中需要考虑的重要方面。这些特殊的社会习俗和行为规范与特定的文化事件和传统有关，涉及人们的情感、价值观念和身份认同。翻译者需要了解这些文化特点，并在翻译过程中传达出相应的文化意涵和情感共鸣，以确保信息的准确传达和文化的传承。

（四）翻译者具备良好的跨文化沟通能力

在跨文化解释过程中，翻译者应该保持准确性的同时，尊重并呈现源语言文化的特点，以促进不同文化之间的相互尊重和理解。

首先，翻译者可以运用文化说明的策略帮助目标文化读者理解源语言的文化特点。这种策略涉及解释和描述源语言文化中的习俗、传统和价值观念，以使目标文化读者能够了解源语言信息承载的文化背景。例如，当源语言中存在与特定文化相关的词汇或表达时，翻译者可以提供相关的文化背景知识，以便目标文化读者更好地理解其含义和重要性。

其次，类比是另一种有效的跨文化解释策略。通过与目标文化熟悉的事物或概念比较，翻译者可以帮助目标文化读者建立起对源语言信息的直观理解。这种策略可以通过对比源语言的文化特点与目标文化中类似的概念或情境来实现。通过类比，翻译者能够搭建起跨文化的桥梁，使得目标文化读者能够更好地理解和接受源语言信息。

最后，比喻也是一种常用的跨文化解释策略。通过运用具有相似特征的事物或情境解释源语言的信息，翻译者可以引起目标文化读者的共鸣和理解。比喻可以使抽象的概念或文化特点变得更具体和形象化，从而帮助目标文化读者更好地理解和接受源语言的信息。

在跨文化解释中，翻译者还应该注意在保持准确性的同时，尊重并呈现源语言文化的特点。这意味着翻译者需要避免将源语言的信息简化或失真，而是尽可能地传达其文化的丰富性和独特性。翻译者应该尊重不同文化之间的差异，避免将自己的文化意识强加给目标文化读者；应该努力理解和传达源语言信息代表的文化观念、价值观和情感色彩，而不仅仅是将其简单地转译为目标语言。这需要翻译者具备深入了解源语言和目标语言文化的能力，以及对两种文化之间的交叉点和差异性有敏锐的感知力。

第二节　英语翻译教学中跨文化交际能力培养的现状

一、英语跨文化教育理念落后

目前，我国的英语翻译教学仍然主要沿袭传统的教学模式，注重应试考试和分数导向，而跨文化教学的理念相对落后。在日常外语教学中，跨文化教学的理念和教学方式并未得到充分传递，课程内容仍以语法、重点单词和句型的讲解为主，对跨文化知识的涉及只是皮毛，导致大学生对跨文化知识的了解不足。这种教学模式下，学生的参与度和学习积极性较低。

具体问题主要体现在学生比较熟练语法和基础知识学习，但在阅读和口语练习中，往往表现生硬，不能够迅速融入英语交流的氛围中。这是因为学生缺乏对西方国家英语文化的必要了解，且在词汇运用上不够恰当，无法准确表达自己的想法。这也是当前高校英语交流中缺乏跨文化交际能力培养的主要弱点之一。

首先，教学模式和教学理念的滞后是制约跨文化交际能力培养的重要原因。传统的教学模式以传授知识和应试为主导，缺乏对跨文化教育的重视。在教学过程中，教师过于关注语法和基础知识的传授，而忽视了培养学生的文化意识、交际技巧和文化适应能力。这使得学生在实际交流中缺乏对不同文化背景的理解和适应能力，无法灵活应对跨文化交际的挑战。

其次，教材编写的局限性也影响了跨文化交际能力的培养。当前的教材主要关注语言形式和应试要求，而对文化差异和跨文化交际技巧的介绍较少。教材内容大多局限于词汇和阅读方面，缺乏对文化背景和实际交际情境的深入探讨。这限制了学生对跨文化知识和交际技巧的全面掌握，使得他们在实际翻译和跨文化交流中面临困难。因此，教材编写需要更加注重跨文化交际能力的培养，提供更多的文化背景知识和实践性的交际活动，以帮助学生理解和应对不同文化之间的差异。

再次，教师的角色和能力也对跨文化交际能力的培养起到至关重要的作用。目前，部分大学英语教师的跨文化意识和能力相对薄弱，缺乏对跨文化交际的教学方法和策略的了解。教师需要不断提升自身的跨文化素养和专业能力，了解不同文化背景的交际方式和规范，从而能够更好地培养学生跨文化交际能力。此外，教师还应鼓励学生积极参与跨文化交流的实践活动，如参加国际交流项目、组织文化讲座等，为学生提供真实的跨文化交际机会。

最后，学校和教育管理部门也需要加强对英语翻译教学中跨文化交际能力培养的支持和重视。学校可以通过制订相关的教学大纲和课程设置，将跨文化教学纳入正式课程，而不仅仅是选修课或其他课程的融合。同时，鼓励教师参与教学研究和教学改革，推动教学模式的创新，提供更多的跨文化交际教学资源和支持，以促进学生的全面发展。

二、对目标语言文化认识的不足

在英语翻译教学中，对目标语言文化认识的不足是一个严重的问题，它对学生的跨文化交际能力培养产生了阻碍。

（一）导致学生对目标文化的理解和应用能力不足

在英语学习中，语言和文化是密不可分的，而目标语言的文化背景对语言的正确理解和应用至关重要。然而，目前的英语翻译教学过程中，很少有针对目标语言文化的系统性讲解和培养。学生主要关注语法规则和词汇的记忆，而缺乏对目标文化背景的深入了解。这导致学生在翻译过程中难以准确地表达目标文化的含义和细微差别，限制了在跨文化交际中的表达能力和理解能力。

1. 语言的意义和表达方式

语言是文化的载体，不同的文化背景会赋予同一词汇不同的意义和含义。学生在英语学习中往往只注重词汇的表面意义，而缺乏对词汇背后文化内涵的理解。例如，"狗"在中西方文化中具有不同的文化寓意，这就需要学生了解并能准确表达不同文化对狗的看法。如果学生无法理解和应用目标文化的语言表达方式，就很难在翻译和跨文化交际中准确、自然地表达。

2. 礼仪和礼节规范

不同文化对社交场合、礼仪规范和交际方式有着不同的认知和实践。然而，由于目标语言文化不足，学生缺乏对目标文化的礼仪和礼节规范的了解，可能会在跨文化交际中出现误解和冒犯。例如，在某些西方文化中，直接提问对方年龄或收入属于不礼貌的行为；而在其他文化中则可能被视为正常的交流方式。学生若无法理解并遵守目标文化的礼仪规范，就难以与目标文化人士建立良好的沟通和合作关系。

3. 文化隐喻和习语

文化隐喻和习语是语言中常见的表达方式，但常常与特定的文化背景和经验紧密相关。学生在目标语言文化不足的情况下，很难理解和运用目标文化中的隐喻和习语，导致在翻译和交流中出现困惑和误解。例如，"一箭双雕"是指一举两得的意思，但直接翻译成英文可能不易理解。如果学生不了解目标文化中的隐喻和习语，就难以准确翻译。

（二）学生在跨文化交际中存在文化偏见和误解

文化是人们行为和价值观的集合体，不同文化之间存在差异和差异的认知。然而，由于缺乏对目标语言文化的深入了解，学生容易陷入自己文化的观念和价值观，对其他文化产生偏见和误解。例如，在跨文化交际中，学生可能会在不了解背景的情况下使用不适当的语言或姿势，引起误解或冒犯对方。这种文化偏见和误解不仅影响了学生的交流效果，也阻碍了文化间的相互理解和和谐发展。

1. 价值观差异

不同文化具有不同的价值观和信仰体系，这些价值观会影响人们的行为、观念和态度。然而，由于对目标语言文化认识的不足，学生可能无法理解和接受目标文化中的特定价值观，从而产生偏见和误解。例如，在某些文化中，对个人空间的尊重被视为重要的价值观，而在其他文化中可能会有更多的身体接触。如果学生没有意识到这种差异，就有可能将自己的价值观强加于他人，并对其他文化表现出不理解或偏见。

2. 社会行为规范

不同文化对社会行为和互动方式有着不同的规范和期望。然而，由于目标语言文化不足，学生可能无法理解和遵守目标文化的社会行为规范，从而引发偏见和误解。例如，在一些文化中，直接表达意见被视为积极的行为，而在其他文化中可能被视为无礼。如果学生不了解这种差异，就有可能在跨文化交际中产生误解和冲突。

3. 语言和表达方式

目标语言的语言表达方式常常与文化背景紧密相关。学生在目标语言文化不足的情况下，很难准确理解和运用目标文化中的语言和表达方式，容易导致误解和偏见。例如，一些文化中常使用间接语言表达意思，而其他文化中可能更加直接。如果学生没有意识到这种差异，就有可能误解对方的意图，产生冲突和偏见。

（三）影响学生的语言运用能力和表达效果

语言是文化的表达工具，它不仅仅是词汇和语法的组合，更是一个反映文化背景、价值观和思维方式的载体。然而，由于目标语言文化不足，学生在语言运用上往往无法恰当地表达自己的意思，无法准确地传达文化内涵，可能会面临词汇选择的困惑，无法准确翻译目标文化的习语、俚语和文化隐喻。这使得学生在跨文化交际中显得生硬、不自然，因为他们无法充分理解目标语言文化的细微差别和表达方式。例如，对英语中的礼貌用语和礼节规范，学生可能只停留在表面层面的理解，而无法真正理解其中的文化内涵和背后的价值观。这种语言运用上的不准确和不流利会降低学生的语言表达效果，影响与目标文化人士的沟通和交流。

1. 词汇选择和语境运用

语言中的词汇选择和语境运用是有效表达文化内涵和意义的关键。然而，由于对目标语言文化认识的不足，学生往往在词汇选择和语境运用上感到困惑。他们可能只关注词汇的字面意义，而忽视了不同文化背景下同一词汇的不同含义和用法。这导致学生在翻译和交流中难以准确传达目标文化的细微差别和情感色彩。例如，对英语中的一些情感词汇，学生可能会选择错误的词语，无法恰当地传达目标文化中的情感表达。

2. 习语、俚语和文化隐喻的理解和运用

习语、俚语和文化隐喻是语言中常见的表达方式，但常常与特定的文化背景和经验紧

密相关。学生在目标语言文化不足的情况下，很难准确理解和运用目标文化中的习语、俚语和文化隐喻，从而导致在翻译和交流中出现困惑和误解。例如，英语中的"break a leg"是一种祝福，但学生若不了解这一习语的背景和含义，就很难正确地理解和运用。

3. 礼貌用语和社交语言

不同文化对社交场合和礼仪规范有着不同的认知和实践。然而，由于对目标语言文化认识的不足，学生往往无法恰当地使用目标文化中的礼貌用语和社交语言。他们可能只停留在表面的理解，无法真正理解其中的文化内涵和背后的价值观。这导致学生在跨文化交际中显得生硬、不自然，无法与目标文化人士建立良好的沟通和关系。

三、缺少跨文化交际学习的环境

在英语翻译教学中，原本的英语教学课程主要解决的是课本上的知识问题，而跨文化交际解决的则是现实中的真实语境场景。只有在真实的语境中才能了解不同文化的差异性。虽然高校聘请了外籍口语教师，但是外教数量与学生需求不匹配，使得大部分学生无法体验真实的语境环境。

（一）教学课程的局限性

传统的英语教学课程主要侧重于语法知识和词汇的学习，而对跨文化交际能力的培养则关注较少。学生在这样的教学环境下，难以真实地了解和体验不同文化背景的差异，限制了在实际交流中的表达和理解能力。

首先，教学材料的选择往往集中在语法练习和词汇积累上，忽略了对目标语言文化的介绍和讨论。学生在学习过程中接触的文本和例句主要是与语法规则相关的，缺乏涉及真实语言使用和文化内涵的内容。因此，学生无法从教材中获取关于目标文化的深入信息，无法理解和应用语言在不同文化背景下的实际用法。

其次，教学方法和评估体系往往注重机械的语法练习和词汇记忆，而对跨文化交际能力的培养没有明确的目标和方法。教师主要注重学生对语法规则的掌握和正确的句子构造，忽视了学生对目标文化的理解和运用能力。因此，学生在课堂上很少有机会接触到真实的跨文化交际情境，无法培养适应不同文化背景的交流技巧和能力。

最后，教师的教学准备和教学经验也可能存在不足，导致对跨文化交际能力的培养缺乏有效的引导。教师在教学过程中可能更多地侧重于语言知识的传授，而没有给予学生足够的机会探索和了解目标文化的多样性。教师对目标语言文化的了解程度和能力也可能存在差异，这会影响到他们在课堂上向学生传授文化知识和培养跨文化交际能力的能力。

（二）缺乏真实语境环境

在传统的英语学习环境中，学生主要通过课堂教学和教科书学习语言，而这种环境无法提供真实的语言交流场景和跨文化交际的机会。

首先，学生很难接触到来自不同文化背景的母语使用者。在学校中，英语教师通常是非英语母语的人，虽然他们具备较高的英语水平，却无法完全代表目标文化的习俗和价值观。因此，学生在与教师的交流中可能无法真正感受到目标文化的特点和语言使用方式。此外，学生与教师的交流主要发生在课堂上，缺乏真实的生活场景和社交环境，难以培养出适应不同文化背景的学生。

其次，学校往往没有提供创造性的语言实践机会。学生的语言实践往往局限于课堂中的角色扮演和简单的对话练习，无法真实地模拟跨文化交际的复杂性。缺乏真实语境的练习使得学生无法适应真实的交流环境，如在不同社交场合的礼节和用语、跨文化团队合作中的沟通技巧等方面的能力得不到有效培养。

最后，学校资源有限，往往无法提供多样化的跨文化交际环境。由于经费、时间和人力等方面的限制，学校无法为学生提供与来自不同文化背景的人士互动的机会，如国际交流项目、文化交流活动、实地考查等。缺乏这样的环境限制了学生对其他文化的深入了解和体验，无法真正感受到不同文化之间的差异和共同之处。

（三）学生群体的单一性

在某些学校中，学生可能来自相似的背景或地区，缺乏多样性和跨文化的交流机会。这种单一性限制了学生对其他文化的了解和体验，阻碍了跨文化交际能力的培养。

首先，学生群体的单一性意味着缺乏与来自不同文化背景的同学交流和互动的机会。学生之间的交流主要局限于相似的语言和文化背景，无法真实地感受和理解其他文化的差异和共同之处。这种单一性导致学生无法充分接触到不同文化的思维方式、价值观和社交规范，限制了对多元文化的理解和尊重。

其次，学生群体的单一性也会影响学校的教学资源和活动的多样性。学校可能缺乏针对不同文化背景的教学资源和跨文化交际活动，因为学生的需求和兴趣相对单一。这使得学校难以为学生提供多样化的学习机会，如国际交流项目、文化展览、外籍教师讲座等，无法提供丰富的跨文化学习环境。

最后，学生群体的单一性也可能导致学生对其他文化存在偏见和误解。缺乏与来自不同文化背景的同学的交流，学生容易陷入自己文化的观念和价值观，对其他文化存在片面的认识和偏见。这种局限性不仅限制了学生的视野和思维发展，也影响了在跨文化交际中的表达和理解能力。

第三节　跨文化交际能力培养视域下的英语翻译教学策略

一、创新英语课堂教学

英语教学的教学目的就是培养学生的跨文化交际能力，而跨文化交际在课堂上的表现其实就是转换不同的语言，这种转换能否成功就取决于英语教学的合理性。因此，在跨文化交际能力的培养过程中，学生只是被动接受，这样的教学以教师为主导，而学生容易对此产生抗拒的心理。虽然这样的教学方法也能够对学生起到增强语言能力的作用，但是对培养学生的跨文化交际能力没有太大的帮助，所以必须不断地创新英语课堂教学，找到英语课堂教学中的问题和不足，并逐渐改善。

（一）创设实际翻译场景

创设实际翻译场景是一种创新的英语翻译教学策略，通过模拟真实的翻译工作环境，让学生扮演翻译员的角色，面对来自不同文化背景的客户提供翻译服务。这样的情境可以帮助学生将学到的理论知识应用到实际场景中，提升实际应用能力和跨文化交际能力。

1. 设计真实的翻译任务

教师可以设计各种真实的翻译任务，如商务文件翻译、产品说明书翻译、新闻报道翻译等。通过这些任务，学生可以了解不同领域的翻译要求和技巧，并在实际应用中提高翻译能力。

（1）商务文件翻译

教师可以提供真实的商务文件，如合同、报告、信函等，要求学生将其翻译成目标语言。这种任务可以帮助学生熟悉商务翻译的专业术语、语言风格和表达方式，同时培养准确性和专业性。

（2）产品说明书翻译

教师可以选取一些产品说明书，要求学生将其翻译成目标语言，确保其翻译准确、清晰和易于理解。这样的任务可以帮助学生熟悉产品相关的专业术语和描述方式，同时锻炼他们的逻辑思维和表达能力。

（3）新闻报道翻译

教师可以选取一些真实的新闻报道，要求学生将其翻译成目标语言，保持信息的准确性和风格的恰当性。这种任务可以让学生接触到不同领域的新闻素材，了解不同语境下的翻译策略和技巧。

（4）文化娱乐资讯翻译

教师可以选取一些文化娱乐相关的资讯，如电影评论、音乐新闻、体育报道等，要求学生将其翻译成目标语言。这样的任务可以让学生接触到流行文化的内容，了解不同文化背景下的表达方式和文化内涵。

在设计真实的翻译任务时，教师应根据学生的学习目标和水平合理地选择任务。任务的难度和复杂程度可以逐步增加，确保学生在适当的挑战下取得进步。此外，教师可以提供相关的背景资料、词汇表和参考资料，帮助学生理解任务的内容和要求，并提供及时的反馈和指导，促进学生的学习和发展。

2. 模拟跨文化交际场景

教师可以创造跨文化交际的情境，让学生扮演翻译员的角色，与来自不同文化背景的客户交流。学生需要了解客户的需求、文化背景和语言习惯，准确和恰当地翻译，从而培养跨文化交际能力。

（1）商务会议

教师可以模拟一个跨国公司的商务会议，学生扮演翻译员的角色，与来自不同文化背景的代表交流。学生需要准备翻译会议议程、演讲稿和讨论内容，并在会议中实时翻译。这样可以让学生接触到商务领域的专业术语和文化习俗，培养口译和交际能力。

（2）旅游导览

教师可以设计一个旅游导览活动，学生扮演导游的角色，向来自不同国家的游客介绍本地的景点和文化。学生需要准备相关的讲解材料，并用目标语言口头翻译。这样的任务可以让学生了解不同文化之间的差异，并学习如何适应和解释文化。

（3）跨文化谈判

教师可以模拟一个跨文化谈判的情境，学生扮演翻译员的角色，协助双方谈判和沟通。学生需要理解双方的意图和利益，准确和恰当地口译，帮助双方达成共识。这样的任务可以帮助学生了解不同文化背景下的谈判风格和策略，并培养协商和沟通能力。

（4）跨文化活动组织

教师可以组织一个跨文化交流活动，邀请来自不同文化背景的学生参与。学生需要担任翻译员的角色，协助参与者交流和互动。这样的任务可以促进学生之间的文化交流，拓宽他们的视野和跨文化理解能力。

在设计模拟跨文化交际场景时，教师应根据学生的学习目标和水平合理地选择任务。任务的难度可以逐步增加，从简单的情境到复杂的交际场景，确保学生在适当的挑战下取得进步。教师可以提供相关的背景资料和指导，引导学生在准备和执行任务的过程中收获颇丰。同时，还可以提供反馈和评估，帮助学生改进翻译和交际技能。

3. 提供真实的翻译素材

在创设实际翻译场景中，提供真实的翻译素材是非常重要的一步。这样的素材可以来自各个领域，如商业、法律、医疗、科技等，以及各种文体，如合同、报告、新闻文章、广告宣传等。教师可以选择具有代表性和实用性的素材，以确保学生能够在真实的翻译任务中锻炼自己的技能。

（1）熟悉真实的工作环境

通过接触真实的翻译素材，学生可以模拟真实的工作环境，了解翻译行业的工作方式和要求；也可以面对真实的翻译难题，理解并应对不同领域和文体的翻译挑战。

（2）学习专业术语和语言风格

真实的翻译素材通常包含各个领域的专业术语和特定的语言风格。学生在翻译实践中，需要理解并准确地传达这些术语和风格。通过接触真实素材，可以提高对不同领域的专业知识和专业用语的理解能力。

（3）掌握行业标准和规范

真实的翻译素材反映了翻译行业的标准和规范。学生可以学习和应用行业标准的翻译技巧，了解并遵循翻译的伦理准则和行业规范，这有助于培养学生的职业素养和责任意识。

（4）加强文化意识

真实的翻译素材通常涉及不同文化之间的交流和交际。学生通过翻译这些素材，可以深入了解不同文化的差异和背景，培养跨文化沟通和适应能力。

在提供真实的翻译素材时，教师可以选择适当的难度和复杂度，根据学生的水平和需求调整。初级学生可以从简单的文本开始，逐渐提高难度；高级学生可以挑战更复杂和更专业的素材。教师还可以引导学生分析和讨论素材，帮助他们理解文本的背景、意图和目的。

4. 建立客户与翻译员的互动

在模拟的翻译场景中，教师可以扮演客户的角色，与学生实际对话和沟通。学生需要理解客户的需求和期望，并根据客户的指示开展翻译工作。这种互动可以帮助学生锻炼语言表达能力和应对客户需求的能力。

（二）引入真实文本材料

引入真实文本材料是一种创新英语翻译教学的策略，通过使用真实的文本材料，如新闻报道、商务文件、文学作品等开展翻译实践，帮助学生在模拟的情境中提升翻译技巧和跨文化交际能力。

1. 选择适合的文本材料

教师可以选择与学生学习的主题或领域相关的真实文本材料。例如，如果学生正在学习商务翻译，可以选择商务合同、商业报告等商务文件作为翻译素材；如果学生对文学翻译感兴趣，可以选择文学作品的摘录或短篇小说作为翻译素材。确保选择的文本材料具有一定的难度和挑战性，以激发学生的学习兴趣。

2. 研究文本的背景知识

在引入文本材料之前，教师应提供相关的背景知识和文化背景，帮助学生理解文本的内容和特点，包括了解文本所属的领域、作者的背景、读者的需求等。学生需要了解文本的目的、受众和表达方式，以便准确和恰当地翻译。

3. 进行翻译讨论和交流

教师可以将学生组织成小组，让他们共同研究和翻译所选的文本材料。学生可以在小组中讨论翻译策略、解决疑惑和提出问题。教师可以引导学生分析文本的语言特点、文化因素和翻译挑战，激发学生的思维和创造力。

4. 跨文化交际讨论

在翻译讨论的过程中，教师可以引导学生讨论跨文化交际方面的问题。例如，学生可以就不同文化背景下的语言习惯、礼貌用语、文化隐喻等展开讨论。通过这样的讨论，学生能够更好地理解不同文化之间的差异和相似之处，提高跨文化交际能力。

（三）利用多媒体资源

利用多媒体资源是一种创新的英语翻译教学策略，通过观看英语电影、纪录片、听取英语广播等多媒体形式的资源，创设英语语言情境，帮助学生感受真实的英语语言环境，开展翻译实践和跨文化交际讨论。

1. 选择合适的多媒体资源

教师应根据学生的英语水平和学习目标选择合适的多媒体资源，如与学生学习的主题或领域相关的英语电影、纪录片、广播节目等。确保选择的资源有足够的语言难度和文化内容，能够激发学生的学习兴趣。

2. 组织学生进行观看和聆听

教师可以组织学生观看英语电影或纪录片，或者听取英语广播节目或播客。在观看和聆听的过程中，学生可以通过视听体验感受真实的英语语言环境，包括语音、语调、口语表达等。同时，也能接触到真实的语言使用场景和文化背景。

3. 引导学生翻译实践和讨论

观看或聆听结束后，教师可以引导学生开展翻译实践和跨文化交际讨论。学生可以选择翻译一段对话或片段，并就其中的语言表达、文化差异、翻译技巧等展开讨论。教师可以提供指导和反馈，帮助学生理解和解决翻译中的问题。

二、教材与课程的设置

（一）设置教材立体化

针对大学英语教学材中的文化知识背景，可以通过各种网络媒体手段让学生先了解西方知识文化背景。现如今，各类电子教学设备比较完善，多媒体、网络都是了解西方文化背景的媒介，教师可以在课堂上给学生播放相关视频，并加以解说，有效运用多媒体辅助教学，给学生播放相关视频。学生通过观看视频，更为直观地了解学习内容。既要有效地开展学生表演和小组讨论活动，又要在活动过程中，增加一些经典的国外著作，让学生分析讨论，使教学印象深刻化。

首先，教师可以运用多媒体和网络等工具，让学生事先了解西方文化的知识背景。在现如今多种多样的电子教学设备的支持下，教师可以利用互联网资源，如在线视频、音频、文章等，让学生通过多媒体方式获取西方文化的相关信息。通过观看相关视频，学生可以更直观地了解西方文化的特点、价值观和行为习惯。教师可以在课堂上解说和分析这些视频，帮助学生理解文化背景，并引导他们思考和讨论文化差异。

其次，教师可以组织学生参与表演和小组讨论活动，以丰富教学内容。通过表演经典的国外著作或电影片段，如莎士比亚的戏剧作品、奥斯卡获奖电影等，学生可以更深入地理解目标语言文化的内涵和表达方式。这样的活动可以激发学生的兴趣和参与度，提高对文化差异的洞察力和敏感性。同时，教师还可以引导学生分析和比较不同文化作品，探讨作品之间的相似之处和不同之处。这样的探讨可以培养学生的批判性思维和跨文化分析能力，使他们能够立体化地掌握双方文化精髓。

此外，教师还可以引导学生阅读经典的国外著作，通过文学作品的解读和讨论，深化学生对目标语言文化的理解。教师可以选择具有代表性的文学作品，如英国文学中的《傲慢与偏见》、美国文学中的《了不起的盖茨比》等，通过解读作品中的情节、人物和背景，学生进一步认识和体验目标语言文化的特点和精髓。同时，教师可以组织学生开展文学讨论，引导他们探讨作品中的文化差异，以及作品与学生自身文化背景的联系和对比。通过这样的阅读和讨论活动，学生可以深入理解目标语言文化的内涵，增强对文化差异的敏感性和理解能力。

（二）设计教材特色化

学习西方优秀文化时，对我国本民族的文化学习也要重视起来，让学生能够运用英语熟练地表达我国优秀的文化。培养学生爱国情怀，增强学生的民族自信心，让学生在英语运用过程能熟练地表达中国优秀文化，既能够降低跨文化交际的失败率，又能够更好地传播中国优秀文化。

首先，培养学生的爱国情怀和民族自信心。通过学习和了解本民族的文化，学生能够对自己的国家和民族有更深的认同感，增强对本民族文化的自豪感。教材可以包括介绍中国的历史、传统节日、文学作品、艺术形式等内容，让学生通过英语表达的方式展示中国的独特魅力和深厚底蕴。这样的教材设计可以促进学生的情感投入和主动学习，培养他们的文化自信心。

其次，通过教材设计使学生能够熟练地运用英语表达中国传统文化。传统文化是一个国家的瑰宝，而在跨文化交际中，了解和传播本民族的传统文化尤为重要。教材可以引入中国经典故事、传统艺术形式、特色美食等，让学生通过英语翻译和表达的方式将中国文化传播到西方国家。学生可以学习如何用英文准确地表达中国的文化概念、价值观和习俗，从而增加对中国文化的理解和认同。通过这样的教材设计，学生在跨文化交际中能够发挥积极的作用，成为文化传播的使者。

再次，特色化的教材设计还应该注重培养学生的批判性思维和分析问题的能力。教材可以引导学生深入分析和比较不同文化之间的差异，帮助他们理解不同文化的背景和内涵。学生可以学习如何评估和解读不同文化间的误解和偏见，并探索解决跨文化交际中可能出现的问题的方法。通过批判性思维的训练，学生能够更全面地理解和应对跨文化交际中的挑战，提高交际能力和解决问题的能力。

最后，特色化的教材设计应该注重提供丰富多样的学习资源和活动形式。教材可以包括多种媒体形式，如视频、音频、图像等，以便学生能够全方位地感知和理解文化差异。

通过观看相关视频片段、听取音频素材或欣赏图片，学生可以更加直观地了解不同文化的习俗、社交方式和价值观。同时，教材中还可以设计各种小组讨论、角色扮演、情景模拟等活动，让学生在互动中运用英语开展跨文化交际。这样的多样化学习资源和活动形式可以激发学生的学习兴趣和参与度，提高学习效果和实际运用能力。特色化的教材设计还应该与现实生活相结合，关注时事热点和跨文化交际的实际场景。教材可以引入最新的国际事件、文化现象和社会问题，让学生通过英语翻译和讨论的方式探讨不同文化间的观点和态度。通过与现实生活的联系，学生能够更加深入地了解不同文化的背景和发展，提高跨文化交际能力和应变能力。

三、基于任务驱动的教学方法

任务驱动教学是一种基于实际任务的教学方法，它通过将学生置于具体的交际情境中，完成真实的翻译任务以培养跨文化交际能力。在任务驱动的教学中，教师可以设计各种跨文化交际任务，如翻译实践项目、情境对话、模拟跨文化交流等，让学生在实践中学习和应用英语翻译技能。这种方法能够激发学生的学习兴趣和动机，使他们在实践中积极探索、主动思考，培养解决问题和适应文化差异的能力。

（一）任务设计

教师根据学生的学习目标和水平，设计具有真实性和实用性的任务，如翻译实践项目、情境对话、模拟跨文化交流等。任务应该与学生的现实生活和感兴趣的领域相关，能够激发学生的学习兴趣和动机。

1.确定任务目标

在任务设计之前，教师首先需要明确学生的学习目标。这些目标可以是学习特定的翻译技巧，提高口语表达能力，增强文化意识等。学习目标的明确性能够指导任务设计的具体方向，确保任务与学生的学习需求和能力匹配。

（1）分析学生的需求

教师应该了解学生学习英语翻译的目的和需求，如他们是否需要翻译商务文件、新闻报道、文学作品等不同类型的文本，以及在翻译过程中遇到的困难和挑战。通过与学生的沟通和调查，教师可以获取关于学生学习目标的信息，并根据这些信息确定任务的具体内容和要求。

（2）设定可测量的目标

学习目标应该是可测量和具体的，以便教师和学生能够评估和反馈学习的进展。例如，学习目标可以包括翻译准确性、口语流利度、文化意识等方面的要求。通过设定明确的目标，学生可以更好地了解自己的学习进展，并为实现目标而努力。

（3）考虑学生的学习水平

在确定学习目标时，教师应该考虑学生的英语水平和翻译能力。目标应该具有一定的挑战性，又不超出学生的能力范围，以避免过高或过低的学习压力。教师可以根据学生的水平设定不同层次的目标，并为不同水平的学生提供相应的任务和支持。

（4）综合考虑语言技能和文化意识

学习目标应该综合考虑学生的语言技能和文化意识的发展。除了关注语言的翻译技巧和表达能力，教师还应该培养学生对不同文化背景的理解和尊重。学习目标可以包括提高学生的跨文化交际能力、提升对目标文化的认知等方面，以促进学生在翻译过程中兼顾语言和文化。

2. 确保任务具有真实性和实用性

任务应具有真实性和实用性，与学生的现实生活和感兴趣的领域相关。通过将学生置于真实的交际情境中，他们能够更好地理解任务的意义和重要性，并将所学知识和技能应用到实际情境中。例如，可以设计一个商务翻译实践项目，让学生模拟为公司翻译商务文件或商务会议，这样能够培养学生在商务环境中的翻译能力和跨文化交际能力。

（1）真实性的重要性

真实性的任务能够使学生更好地理解任务的意义和重要性，增强学习动机和参与度。通过将学生置身于真实的交际情境中，他们能够体验到语言和文化的实际运用，从而更加深入地理解目标语言和文化。真实性的任务还能够培养学生的实际应用能力，使他们能够应对现实生活中的语言和文化挑战。

（2）与学生现实生活相关的任务

任务应该与学生的现实生活相关，涉及他们感兴趣的领域和实际需求。例如，可以设计针对学生感兴趣的主题，如音乐、电影、体育等。这样能够激发学生的学习兴趣，提高他们的学习动机，并使他们能够将所学的知识应用到自己感兴趣的领域中。

（3）实用性的任务设计

任务应该具有实际应用的价值，能够帮助学生解决实际问题和应对实际挑战，实用性的任务设计能够使学生感受到学习的实际效果，增强自信心和成就感。

3. 任务的难度设置

任务的难度应逐步增加，根据学生的学习进展和能力水平调整。初始阶段可以设计一些相对简单的任务，如基础翻译练习或情境对话，让学生逐渐熟悉任务要求和技巧。随着学生的进步，任务的难度可以逐渐提高，引入更复杂的文本材料或情境，让学生面对更具挑战性的跨文化交际任务。

（1）初始阶段的简单任务

在任务设计的初始阶段，教师可以设计一些相对简单的任务，旨在帮助学生建立起基础知识和技能。这些任务可以包括基础翻译练习、情境对话等。通过这些任务，学生可以逐渐熟悉任务的要求和技巧，并建立起对目标语言和文化的初步理解。

（2）逐渐增加任务的复杂性

随着学生的学习进展，任务的难度应逐渐提高。教师可以引入更复杂的文本材料或情境，让学生面对更具挑战性的跨文化交际任务。例如，可以引入长篇文章的翻译或模拟真实的跨文化交际场景，要求学生口语或书面表达。这样的任务能够激发学生的思维能力和创造力，培养解决复杂问题的能力。

（3）提供支持和反馈

在任务设计过程中，教师应该提供适当的支持和反馈，帮助学生克服难题并不断进步。教师可以提供相关的学习资源和参考资料，引导学生自主学习和探索。同时，在任务完成后，教师应及时给予学生反馈，指出他们的优点和改进之处，鼓励他们不断提高。

（4）综合性任务的设计

随着学生的能力提升，教师可以设计一些综合性的任务，要求学生运用所学的知识和技能解决实际问题。这些任务可以模拟真实的工作场景或文化交际情境，让学生在实践中运用语言和跨文化交际能力。这样的任务能够提高学生的综合素养，培养他们的批判性思维和解决问题的能力。

4.设置多样化任务类型

任务设计应尽可能多样化，涵盖不同的任务类型和形式。除了翻译实践项目，还可以设计情境对话、文化调研等任务，让学生在不同的语境中学习和应用英语。这样能够激发学生的学习兴趣，避免单一化和机械化的学习体验。

（1）情境对话

情境对话是一种常见的任务类型，通过设置特定的情境和角色扮演，让学生在模拟的语言环境中练习对话。例如，教师可以设计一组情境对话，让学生扮演不同的角色，通过对话解决问题、达成共识或展开文化交流。这种任务可以帮助学生提高口语表达能力和实际应用英语的能力。

（2）文化调研

文化调研是一种让学生深入了解目标语言国家或地区文化的任务。学生可以选择一个特定的文化主题，如节日庆典、饮食习俗、社交礼仪等，开展调研并报告或展示。这样的任务可以帮助学生加深对目标文化的认识和理解，提高他们的跨文化交际能力。

（3）创意项目

创意项目是一种鼓励学生发挥创造力和创新思维的任务形式。教师可以提供一个开放性的任务，要求学生以自己感兴趣的方式开展翻译或文化交际实践。例如，学生可以选择翻译一本喜爱的小说，并结合文化背景和创意元素改编。这种任务激发学生的主动性和创造性思维，培养他们的独立思考和解决问题的能力。

（二）语言输入、输出与发展

教师通过提供适当的语言输入，如真实的翻译文本、文化交际资料等，帮助学生理解目标语言的语言规则、习俗、价值观等。同时，鼓励学生在完成任务时输出英语，培养口语和书写能力。

1.语言输入

教师通过提供适当的语言输入，帮助学生理解目标语言的语言规则、词汇、语法和语用等方面。这些语言输入可以包括真实的翻译文本、文化交际资料、多媒体资源等。通过接触真实的语言材料，学生可以更好地了解目标语言的使用情境、习俗和文化背景。教师可以引导学生开展文本分析、语言解读和文化比较，帮助他们深入理解语言背后的文化内涵。

（1）真实的翻译文本

教师可以选择真实的翻译文本作为语言输入的材料，如新闻报道、商务文件、文学作品等。这些文本能够向学生展示真实的语言使用情境和语言风格，帮助他们理解目标语言的表达方式和语境特点。通过分析和解读这些翻译文本，学生可以提高对目标语言的理解和运用能力。

（2）文化交际资料

除了语言规则，学生还需要了解目标语言所处的文化背景和交际方式。教师可以提供相关的文化交际资料，如文化习俗、社交礼仪、价值观等，让学生了解目标语言国家或地区的文化背景。通过学习文化交际资料，学生可以更好地理解目标语言的使用情境和交际方式，并培养跨文化交际的能力。

（3）多媒体资源

多媒体资源可以为学生提供多样化的语言输入。教师可以利用音频、视频、图片等多媒体形式呈现目标语言的语音、语调、语境等要素。例如，通过观看真实的语言交际场景的视频，学生可以感受目标语言的真实运用情境，提高听力和口语能力。同时，多媒体资源也可以激发学生的学习兴趣，提高对目标语言的积极性和主动性。

2.语言输出

除了接受语言输入，学生还需要通过语言输出巩固所学的语言知识和技能。在完成任务的过程中，教师鼓励学生主动运用英语开展口语和书写表达。通过口头交流、写作和翻译实践等活动，学生可以运用所学的英语知识和技能，表达自己的观点、理解和应对跨文化交际的挑战。

（1）口语表达

教师可以设计各种口语交流任务，如情境对话、角色扮演、小组讨论等，要求学生运用英语开展口头表达。这些口语任务可以模拟真实的语言交际场景，激发学生的语言输出意愿和能力。通过参与口语交流，学生可以提高语音语调的准确性，增强词汇和语法的运用能力，培养流利、自然的口语表达能力。

（2）写作表达

写作是学生语言输出的另一个重要方式。教师可以设计各种写作任务，如写作翻译、日记、文章等，要求学生用英语书写表达自己的想法、观点和情感。通过写作练习，学生可以巩固语法和词汇的运用，提高句子结构的准确性，培养清晰、连贯的写作表达能力。同时，写作也是学生思考和组织语言的过程，能够促进他们深入理解和运用目标语言。

（3）翻译实践

翻译是语言输入与输出的有机结合，可以帮助学生将所学的语言知识运用到实际情境中。教师可以设计翻译实践项目，要求学生翻译一段文本或口语材料。通过翻译实践，学生需要理解原文的意思，并将其准确、流畅地转化为目标语言。这不仅能够提升学生的语言输出能力，还可以培养他们对文化差异的理解和应对能力。

3.输入、输出的平衡发展

语言输入和输出应该保持平衡发展，相互促进。教师可以通过设计任务，让学生在完成任务的过程中既接受语言输入，又实现语言输出。例如，在翻译实践项目中，学生可以首先接触到真实的翻译文本作为语言输入，再运用所学的翻译技巧和语言知识翻译，将其转化为语言输出。通过这样的循环过程，学生不仅可以提升自己的翻译能力，还能够巩固和应用所学的英语知识。

（1）任务设计中的平衡

在任务设计中，教师应该合理安排语言输入和输出的比例，确保二者的平衡发展。一方面，教师通过提供适当的语言输入，如真实的翻译文本、文化交际资料等，帮助学生理解目标语言的语言规则、习俗和文化背景。另一方面，教师鼓励学生在完成任务时实现语言输出，通过口语表达、写作和翻译实践等活动运用所学的英语知识和技能。在任务设计中，要确保学生有足够的机会接触和掌握语言输入，同时有机会实现实际的语言输出。

（2）循环反馈的平衡

语言输入和输出应该形成一个循环反馈的过程。学生通过接受语言输入获得新的语言知识和技能，再通过语言输出巩固和应用所学的知识。这种循环反馈的过程有助于加深学生对语言的理解和掌握，同时也提供了及时的反馈和指导，促进学生的进一步学习和发展。教师在任务过程中要密切关注学生的语言输出，及时给予指导和纠正，帮助学生提高语言表达的准确性和流利度。

（3）个体差异的平衡

在任务设计和实施过程中，教师需要考虑到学生的个体差异，平衡不同学生的语言输入和输出需求。有些学生可能更擅长语言输入，能够快速理解和吸收新的语言知识；而有些学生可能更擅长语言输出，能够较好地运用所学的语言实现表达。教师可以根据学生的能力和需求，个别指导和调整任务，确保每个学生都能够在语言输入和输出中取得平衡发展。

第四节　基于跨文化交际能力培养视域下的英语翻译教学实践案例分析

通过设计多样化的教学案例，可以在英语翻译教学中培养学生的跨文化交际能力。这些案例可以涵盖词汇表达、隐喻翻译和翻译选择等方面，帮助学生全面了解目标语言文化，并提高在跨文化交际中的表达和理解能力。同时，教师在案例设计中应注重引导学生思考文化因素对语言和翻译的影响，培养他们的文化敏感性和适应能力。这样的教学实践将有效提升学生的跨文化交际能力，使他们在全球化时代更好地适应和融入多元文化环境。

案例一：文化差异的词汇表达

在英语翻译教学中，词汇选择是非常重要的，因为不同文化之间存在着差异，导致相同事物在不同文化中可能具有不同的名称和表达方式。通过设计案例，可以帮助学生认识和理解文化差异对词汇表达的影响，并提高词汇选择和表达能力。

首先，选择中国传统节日和西方节日作为案例，可以让学生对比和分析两种文化中相应的节日名称和相关词汇的差异。例如，以中国的春节和西方的圣诞节为例，要求学生用英语翻译春节的名称以及与之相关的词汇，如年夜饭、红包、舞龙舞狮等。同时，学生还需了解西方对应的圣诞节的表达方式和相关词汇，如 Christmas dinner、gifts、Christmas tree 等。通过这样的比较分析，学生可以深入了解两种文化中节日的习俗、重要活动和特色食物等，从而掌握更准确和恰当的词汇表达。

其次，可以通过讨论和小组活动加深学生对文化差异词汇表达的理解。在小组活动中，每个小组成员可以选择一个自己熟悉的中国传统节日，并与其他组员分享其在英语中的翻译和对应词汇。组员们可以互相提出问题、讨论并提供反馈，帮助彼此理解和纠正翻译中可能存在的误区。这样的活动促进了学生之间的互动和合作，拓宽了他们的视野，并培养了他们的跨文化交际能力。

最后，教师还可以引导学生运用所学知识，开展实际的翻译任务。例如，要求学生将中国传统节日的相关介绍或庆祝活动的报道翻译成英文，以便向国际读者传达中国文化。学生在翻译过程中需要综合考虑目标语言的习惯表达方式和目标受众的文化背景，力求准确传达原文的含义和文化内涵。这样的实践任务不仅加强了学生的翻译技巧，还培养了他们的文化敏感性和跨文化沟通能力。

通过这样的案例分析和实践活动，学生不仅能加深对文化差异的认识，还能提高词汇选择和表达能力。

案例二：文化隐喻和俚语的翻译

在英语翻译教学中，文化隐喻和俚语是常见的表达方式，其涵盖了目标语言文化中独特的文化内涵和概念。对学生来说，理解和翻译这些表达是一项具有挑战性的任务。通过设计案例，可以帮助学生分析和解释目标语言文化中的隐喻和俚语，培养对文化内涵的敏感性和理解能力。

（一）选择典型的文化隐喻和俚语

在案例中，教师可以选择一些英语中常见且具有文化特色的隐喻和俚语，如"break a leg"（祝你好运）和"the ball is in your court"（轮到你决定了）。要求学生翻译并解释这些表达的文化含义，引导他们思考隐喻和俚语在不同文化中所具有不同的表达方式和内涵。

（二）分析文化隐喻和俚语的文化内涵

在学生翻译和解释这些隐喻和俚语时，教师可以引导他们深入分析背后的文化内涵。例如，对"break a leg"这个隐喻，学生需要了解它源自戏剧表演中的祝福习俗，表达对演员的祝福和成功的期望。通过这样的分析，学生可以更好地理解目标语言文化中的隐喻和俚语，提高翻译的准确性和语言的地道性。

（三）比较不同文化中的隐喻和俚语表达

教师可以引导学生比较不同文化中隐喻和俚语的表达方式。通过了解其他文化中相似概念的表达，如中文中的隐喻和俚语，学生可以对比不同文化对相似概念的理解和表达方式，加深学生对文化差异的认识和理解。

（四）实际应用与讨论

为了加强学生的实际应用能力，教师可以设计一些实践任务和讨论活动。例如，让学生在小组中选择一个隐喻或俚语，并撰写一篇小短文，运用目标语言文化中的隐喻和俚语表达。在小组讨论中，学生可以分享自己的创作，并交流彼此的理解和解释。这样的活动可以帮助学生将所学的文化隐喻和俚语运用到实际情境中，提升应用能力和交际能力。

（五）引导学生思考文化隐喻和俚语的变异和多样性

教师还可以引导学生思考文化隐喻和俚语在不同地区和社会群体中的变异和多样性。通过比较不同地区或社会群体使用的隐喻和俚语，学生可以更深入地理解文化差异对语言表达的影响。例如，英语中的"raining cats and dogs"（下大雨）在不同文化中可能有不同的表达方式，学生可以探讨这种差异并思考其背后的文化原因。

（六）理解文化隐喻和俚语的限制和挑战

在讨论案例时，教师应该提醒学生理解和翻译文化隐喻和俚语的限制和挑战。由于文化背景的差异，隐喻和俚语的内涵和语言形式可能无法完全等效地翻译到目标语言中。学生需要认识到这一点，并学会灵活运用翻译策略，以尽可能准确地传达原文的意义和文化内涵。

（七）案例分析的综合讨论

教师可以组织一次综合讨论，让学生分享对文化隐喻和俚语翻译的思考和体会。通过学生之间的交流和互动，可以进一步加深对文化差异和语言表达的理解，并为今后的翻译实践提供更全面的视野。

通过案例的实践分析，学生将能够更加敏锐地捕捉文化隐喻和俚语，并理解其在跨文化交际中的重要性；将学会分析和解释隐喻和俚语的文化内涵，比较不同文化中的表达方式，并运用所学知识应用和讨论实际。这样的教学实践将有助于学生培养跨文化交际能力，提高翻译的准确性和地道性，为日后的跨文化交流和翻译工作打下坚实的基础。

案例三：文化视角的翻译选择

在跨文化交际中，语言的选择是非常关键的，不同文化中可能存在多种翻译方式。通过设计案例，可以引导学生考虑文化视角对翻译选择的影响。例如，选择一个有关习俗或价值观的文本，要求学生从不同文化的视角出发，展开翻译，并解释其背后的文化内涵。这样的案例可以帮助学生深入思考翻译中的文化因素，并培养在实际翻译工作中的灵活性和适应能力。

（一）选择具有习俗或价值观的文本

教师可以选择关于特定习俗或价值观的文本，如中国的传统节日、西方的婚礼仪式，或日本的礼仪规范等。这样的文本可以涉及不同文化中的习俗、价值观、信仰体系等方面，具有一定的文化特色。

（二）要求学生从不同文化视角进行翻译

教师要求学生以不同文化的视角翻译，如将中国的传统节日翻译成英语，或将西方婚礼仪式翻译成中文。学生需要考虑不同文化的价值观、信仰体系、社会习俗等因素，选择适当的翻译方式和词汇表达。他们可以运用所学的文化知识和翻译技巧，理解并传达原文所蕴含的文化内涵。

（三）解释翻译选择的文化内涵

学生在翻译时，需要解释自己选择的翻译方式背后的文化内涵。他们可以通过附加说明或注释的方式，解释翻译中使用的特定词汇、习语或表达方式与目标文化的联系。这样的解释可以帮助读者更好地理解原文中传达的文化信息，促进跨文化交际的准确性和理解度。

（四）讨论不同翻译选择的影响

在案例分析过程中，教师可以组织学生之间的讨论，让他们分享各自的翻译选择以及对跨文化交际的影响。学生可以比较不同翻译方式对目标文化读者的理解和接受度，讨论在特定文化背景下，选择何种翻译方式更为恰当和有效。

（五）实践和反思

为了提高学生的实践能力，教师可以设计一些实践任务，让学生根据自己的翻译选择，模拟跨文化交际场景并表达。在实践过程中，学生可以体验到不同翻译方式对跨文化交际的影响，并反思自己的翻译策略和技巧，为今后的翻译工作中提供指导和借鉴。

（六）总结案例分析的重点

通过选择具有习俗或价值观的文本，引导学生从不同文化的视角翻译，并解释其背后的文化内涵。学生通过讨论不同翻译选择的影响，加深对跨文化交际中翻译选择的理解，并通过实践和反思提升自己的翻译能力。

通过上述案例分析，学生将更加意识到跨文化交际中的重要性，并具备更敏锐的文化意识和理解能力。这有助于他们在实际翻译工作中更准确、更地道地传达目标语言文化的信息，促进跨文化交流的顺利开展。

第五节　英语翻译教学中跨文化交际能力培养的教学评估方法

在英语翻译教学中，评估学生的跨文化交际能力是至关重要的，可以通过两个教学评估方法衡量学生在这方面的发展和成就。

一、翻译作业评估

布置跨文化翻译作业，要求学生在考虑目标语言文化的前提下翻译。评估学生的语言地道性和文化适应能力。可以通过评分标准来评估学生的作业，如词汇选择、句子结构、文化内涵等方面。

（一）语言地道性评估

评估学生的翻译是否符合目标语言的语言习惯和表达习惯。考查学生是否能运用正确的语法、句子结构和表达方式翻译，以确保翻译的自然流畅和地道性。评估时可以关注学生是否能避免直译和词语组合的不自然现象，而是根据目标语言的表达习惯恰当地调整。

（二）文化适应性评估

评估学生在翻译中是否能考虑和传达文化因素。检查学生是否能在翻译过程中注意到文化隐喻、俚语、习俗等，以及其中的文化内涵，并能将其恰当地传达到目标语言中。评估时可以关注学生是否能选择与目标文化相匹配的词汇和表达方式，并确保翻译的文化适应性和准确性。

（三）评分标准的制订

为了更好地评估学生的翻译作业，可以制订评分标准。根据翻译的准确性、语言地道性和文化适应能力等方面制订评分细则，以便综合评估学生的作业。评分标准可以包括词汇使用的准确性、语法结构的正确性、句子流畅性、文化适应度等方面。

通过翻译作业评估，教师可以了解学生在跨文化交际能力方面的表现，并提供具体的反馈和指导。同时，评估结果也可以为学生提供参考，帮助他们了解自己的翻译水平，发现不足之处并加以改进。

二、跨文化交际任务评估

设计跨文化交际任务，让学生在模拟的跨文化交际场景中运用所学的翻译和文化知识实现表达。评估学生在任务中的语言运用、文化敏感度、跨文化适应能力及综合能力等方面的表现。

（一）语言运用评估

评估学生在任务中的语言运用是否准确、流利和得道。检查学生的词汇选择、语法结构、句子表达等方面，判断他们是否能在跨文化交际中运用正确的语言表达方式。评估时可以关注学生的发音、语调、语速等语音和语言技巧的运用。

（二）文化敏感度评估

评估学生对不同文化背景下的礼仪、价值观、习俗等的敏感度。检查学生是否能在任务中遵循目标文化的行为准则、社交礼仪和文化规范。评估时可以关注学生的行为举止、表达方式和与他人的互动，判断他们是否能在跨文化交际中展示出文化敏感度。

（三）跨文化适应能力评估

评估学生在任务中的跨文化适应能力和灵活性。考查学生是否能根据不同的文化背景调整自己的表达方式，以适应不同文化中的交际需求。评估时可以关注学生对文化差异的理解和应对策略，以及在任务中是否能与不同文化背景的人有效地沟通和交流。

（四）综合能力评估

根据任务的目标和评估标准，综合评估学生的跨文化交际能力。可以根据任务的要求和学生的表现，给予综合性的评分或评价。综合评估可以涵盖学生的语言运用、文化敏感度、跨文化适应能力等方面，以全面了解学生在跨文化交际能力方面的发展和表现。

通过跨文化交际能力的评估，教师可以了解学生在实际应用跨文化交际能力方面的表现，并提供具体的反馈和指导。同时，评估结果也可以为学生提供参考，帮助他们发现自己在跨文化交际能力方面的不足，并有针对性地学习和提升。

综合上述评估方法，教师可以全面了解学生在跨文化交际能力方面的发展情况，并提供有针对性的指导和反馈，促进其跨文化交际能力的提升。

第九章 机器翻译与跨文化交际能力培养视域下的英语翻译教学

第一节 机器翻译的概念和发展历程

一、机器翻译的概念

（一）概念

机器翻译是一种借助计算机技术和人工智能技术的翻译手段，也是将一种语言的文本自动转换成另一种语言的文本的过程。它的出现旨在解决不同语言之间的交流障碍，帮助人们实现跨语言的沟通和理解。

1. 技术整合

机器翻译是一项综合性的技术，涉及计算机科学、语言学、统计学和人工智能等多个学科的知识。它将整合这些领域的理论和技术，实现自动翻译的目标。

2. 自动转换

机器翻译的核心目标是实现自动化的翻译过程。通过使用计算机程序和算法，机器翻译系统能够处理大量的文本数据，并将源语言的文本转换成目标语言的文本，完成翻译任务。

3. 解决语言障碍

机器翻译的主要目的是解决不同语言之间的交流障碍。它帮助人们跨越语言障碍，促进全球交流和合作。无论是在商业领域、学术研究还是日常生活中，机器翻译都能发挥重要作用。

4. 科学与商业价值

机器翻译不仅具有科学价值，还具有巨大的商业潜力。随着全球化的推进和跨国交流的增加，对高质量、高效率的翻译需求越来越大。机器翻译的研发和应用为各种行业提供了新的商机。

5. 政治意义

机器翻译的发展对促进不同国家和文化之间的交流和理解具有深远的政治意义。它有助于缩小语言和文化之间的鸿沟，促进国际友谊和合作。

总的来说，机器翻译是一项涉及多学科、具有科学、商业和社会意义的技术，通过整合计算机技术和人工智能技术，实现不同语言之间的自动转换，帮助人们跨越语言障碍，促进全球交流和合作。

（二）分类

机器翻译根据不同的标准可以实现多种分类。

1. 依据使用环境分类

（1）低端机器翻译系统

主要面向个人用户，提供简单的翻译功能，如翻译手机应用程序、翻译浏览器插件等。这类系统通常注重翻译准确性和便捷性。

（2）高端机器翻译系统

面向专业用户和翻译领域，提供更复杂和专业化的翻译服务。这类系统通常具备更丰富的翻译资源和高级的语言处理技术，适用于翻译公司、国际组织等机构的需求。

（3）基于互联网的机器翻译系统

基于互联网平台的机器翻译服务，可以通过网页或在线接口提供翻译功能。这类系统通常具有较高的用户覆盖范围，可供所有互联网用户使用。

2. 依据目标人群分类

（1）个人机器翻译系统

主要面向个人用户，用于解决日常生活中的简单翻译需求，如旅行、购物、社交等。

（2）公司机器翻译系统

针对企业和组织，提供专业化的翻译服务，满足商务、法律、医学等领域的翻译需求。

所有互联网用户机器翻译系统广泛适用于所有互联网用户，无论是对个人还是企业，提供广泛的翻译功能。

3. 依据技术类别分类

（1）基于规则的机器翻译系统

利用语言学和语法规则翻译，通过编写复杂的规则实现翻译过程。这类系统需要大量的人工工作和领域专家的知识。

（2）基于语料库的机器翻译系统

通过分析和比对大规模的双语语料库翻译，利用统计和机器学习算法提高翻译质量。这类系统的性能取决于训练数据的质量和覆盖范围。

（3）多引擎机器翻译系统

结合多种机器翻译技术，如规则和统计机器翻译，通过融合多个引擎的翻译结果提高翻译质量和覆盖范围。

4. 在线机器翻译系统

这类系统提供在线的翻译服务，用户可以直接在网页或应用程序中输入文本并获取翻译结果。在线机器翻译系统通常具有实时性和便捷性，能够满足用户的即时翻译需求。

5. 口语机器翻译系统

这类系统专注于口语交流领域，如电话翻译服务、语音翻译设备等。它们通过语音识别和语音合成技术，将口语输入转换为目标语言的口语输出，帮助人们在跨语言交流中克服语言障碍。

这些分类方式主要根据机器翻译系统的使用环境、目标人群和技术特点划分。每种类型的机器翻译系统都有其特定的应用场景和适用范围。随着技术的发展和创新，不同类型的机器翻译系统也在不断演进和完善，以满足用户在不同领域和需求下的翻译需求。

（三）原理和方法

机器翻译是一种利用计算机技术和人工智能技术将一种语言的文本自动转换为另一种语言的文本的技术。它的原理和方法涉及语料库的利用、翻译模型的建立以及不同的翻译策略。

1. 基于语料库的机器翻译原理

语料库是机器翻译的基础，它包含大量的双语平行语料，其中每个句子都有源语言和目标语言的对应关系。基于语料库的机器翻译系统可以分为两种主要类型：基于统计的机器翻译系统和基于实例的机器翻译系统。

（1）基于统计的机器翻译系统

基于统计的机器翻译系统使用统计模型学习源语言和目标语言之间的概率分布。这种方法主要基于双语语料库中的统计信息，通过计算翻译候选的条件概率选择最佳的翻译结果。其中常用的统计模型包括基于短语的模型和基于句子的模型。基于短语的模型将源语言和目标语言切分为短语，再统计短语之间的对应关系；基于句子的模型则直接统计建模整个句子。

（2）基于实例的机器翻译系统

基于实例的机器翻译系统也被称为记忆翻译系统。它利用存储在语料库中的大量翻译实例实现翻译。系统通过寻找与输入句子相似的实例，并将实例的目标语作为翻译结果。这种方法的优势在于对一些常见的翻译问题能够得到准确的结果，但对新颖的句子或专业术语等可能存在困难。

2. 机器翻译的方法

除了基于语料库的原理，机器翻译还涉及不同的翻译方法和策略。

（1）以统计为基础的翻译法

以统计为基础的翻译法是机器翻译中最早的方法之一。它利用统计模型和概率分布选择最佳的翻译结果。这种方法通常需要大量的双语语料库，其中包括源语言句子和对应的目标语言句子。通过统计句子中的词语、短语或句子结构之间的对应关系，计算它们之间的翻译概率，从而选择翻译结果。统计翻译方法主要包括基于短语的统计机器翻译（phrase-based Sstatistical machine translation，PBMT）和基于句子的统计机器翻译（sentence-based statistical machine translation，SBMT）。

（2）以记忆为基础的翻译法

以记忆为基础的翻译法依赖于翻译记忆库（Translation Memory）中存储的已翻译过的句子。当输入的源语言句子与记忆库中的句子相似度达到一定阈值时，系统可以直接利用已翻译过的对应结果，从而提高翻译效率和一致性。这种方法适用于常见的翻译内容和短语，但对新颖的句子和专业术语可能无法提供准确的翻译。

（3）以规则为基础的翻译法

以规则为基础的翻译法使用专家定义的规则集合实现翻译。这些规则涵盖了源语言和目标语言之间的语法、词汇、语义等方面的规则，以及相应的翻译规则。系统根据规则翻译，可以根据不同的语言现象灵活处理。这种方法适用于特定的语言对和领域，但构建和维护规则库需要大量的人工工作，并且可能无法涵盖所有的语言现象。

（4）以神经网络为基础的翻译法

以神经网络为基础的翻译法是近年来机器翻译领域的重要发展领域之一。它利用深度学习模型，如循环神经网络（recurrent neural network，RNN）和注意力机制（Attention），建模源语言和目标语言之间的关系。神经机器翻译能够端到端地翻译整个句子，无须人工定义规则或特征。它可以学习句子的语义和信息，并生成准确流畅的翻译结果。该方法的优点在于翻译质量较高、适应性强，但需要大量的训练数据和计算资源。

此外，还有一些其他的机器翻译方法，如基于规则和统计混合的翻译法（Rule-Based and Statistical Hybrid Translation），结合规则和统计方法，利用规则开展翻译的初始处理，再使用统计模型优化翻译结果；基于深度学习的翻译法（Neural Machine Translation，NMT），利用深度神经网络模型进行端到端的翻译，可以捕捉更复杂的语言特征和上下文信息；基于增量学习的翻译法（Incremental Learning），利用增量学习技术，通过不断积累和更新语料库和模型，提高翻译效果和适应性；基于强化学习的翻译法（Reinforcement Learning），将机器翻译视为强化学习问题，通过与环境的交互优化翻译模型，以获得更好的翻译质量。

这些方法各有特点和适用范围，选择合适的方法取决于具体的应用场景和需求。在实际应用中，常常会采用多种方法的组合，利用它们的优势互补，以提高机器翻译的准确性和流畅度。值得注意的是，尽管机器翻译的技术不断发展和改进，但完全自动的机器翻译系统仍然存在一定的局限性。由于语言的复杂性和多义性，机器翻译在处理特定领域、专业术语、文化差异等方面仍然存在挑战。因此，在实际应用中，人工地编辑和校对仍然是必要的，以确保翻译质量的准确性和可靠性。

二、机器翻译的发展历程

（一）早期研究与基于规则的方法

机器翻译的研究始于 20 世纪 50 年代，早期的方法主要基于规则和语法知识。研究人员试图通过编写复杂的语法规则和翻译规则实现翻译。然而，这种基于规则的方法面临着语言规则复杂、知识获取困难等挑战，限制了机器翻译的准确性和覆盖范围。

（二）统计机器翻译的兴起

20 世纪 90 年代，随着统计机器翻译（statistical machine translation，SMT）的兴起，机器翻译进入了一个新的阶段。SMT 利用大规模的双语平行语料库，通过统计模型推断源语言和目标语言之间的潜在翻译规律。SMT 的发展极大地提高了翻译的准确性和流畅度，成为当时主流的机器翻译方法。

（三）神经机器翻译的突破

近年来，随着深度学习和神经网络的发展，神经机器翻译（neural machine translation，NMT）成为机器翻译的新兴技术。NMT 使用深度神经网络建模和训练翻译模型，将整个句子作为输入和输出翻译。相较于传统的基于短语的 SMT 方法，NMT 在翻译质量上取得了显著的突破，尤其是在处理长句子和复杂语言结构上具有优势。

（四）翻译技术的融合与进一步发展

目前，机器翻译领域正向着技术融合的方向发展。传统的基于规则的方法、统计机器翻译和神经机器翻译等技术被整合在一起，形成了混合机器翻译（Hybrid Machine Translation）的方法。混合机器翻译试图充分发挥各种方法的优势，提高翻译的质量和性能。

（五）增强学习在机器翻译中的应用

增强学习（reinforcement learning，RL）是一种让机器通过与环境的交互学习达到最优策略的方法。在机器翻译中，增强学习被用于优化机器翻译模型，提高翻译质量和流畅度。通过与环境交互，机器翻译系统可以根据反馈信号调整和改进，从而实现更好的翻译效果。

（六）数据驱动的方法和大规模平行语料的利用

机器翻译的性能很大程度上依赖于可用的双语平行语料。随着互联网和社交媒体的兴起，大规模的双语平行语料变得更加容易获取。这些数据的丰富性和多样性为机器翻译的训练和改进提供了更多的机会。数据驱动的方法，如基于注意力机制的神经网络模型，能够充分利用大规模平行语料，提高翻译质量和泛化能力。

（七）面向特定领域的机器翻译

机器翻译的应用领域越来越广泛，包括科技、医疗、金融、法律等各个领域。针对特定领域的机器翻译需要考虑领域专有术语、内容和风格等因素。因此，面向特定领域的机器翻译研究日益受到关注，旨在提供更准确和专业化的翻译结果。

总体而言,机器翻译经历了从基于规则的方法到统计机器翻译,再到神经机器翻译的发展历程。这些技术的不断进步和融合使得机器翻译在翻译质量和效率方面取得了巨大的提升。然而,机器翻译仍然面临着一些挑战,如处理语言多样性、语义理解和文化适应等方面的问题。未来,随着技术的进一步发展和研究的深入,机器翻译将继续在跨语言交流和文化交流中发挥重要作用。

第二节　机器翻译与英语翻译教学的关系

一、为教学提供实用工具

机器翻译可以作为一种实用的辅助工具,为英语翻译教学提供支持。学生可以利用机器翻译系统辅助翻译过程中的词汇查找、句子理解和语法问题等。这有助于提高学生的翻译效率和准确性,并促进对语言知识的运用和实践。

(一)提供词汇和句子的参考翻译

机器翻译系统可以为学生提供词汇和句子的参考翻译。在翻译过程中,学生可以利用机器翻译系统查找特定词汇的翻译、理解句子的含义,以及解决语法问题。通过使用机器翻译系统,学生可以获得快速而准确的参考翻译,提高翻译效率和准确性。

1. 快速获取词汇翻译

机器翻译系统可以为学生提供快速获取词汇翻译的能力。在翻译过程中,学生经常会遇到一些生词或专业术语,这时可以利用机器翻译系统查找这些词汇的翻译。通过输入词汇或短语,系统将迅速给出翻译结果,为学生提供参考。这有助于学生在翻译过程中节省时间,快速获取准确的词汇翻译,提高翻译效率。

2. 理解句子含义和结构

除了词汇翻译,机器翻译系统还可以帮助学生理解句子的含义和结构。当学生在翻译过程中遇到复杂的句子或句子成分时,可以使用机器翻译系统获取句子的翻译结果。通过观察机器翻译的输出,学生可以更好地理解句子的结构和语法,从而有助于准确翻译句子并理解原文的意思。

3. 解决语法问题和错误

机器翻译系统还可以帮助学生解决语法问题和错误。在翻译过程中,学生可能会遇到语法困难,特别是在语序、时态和语态等方面。机器翻译系统可以提供语法正确的翻译结果,使学生能够通过对比机器翻译和自己的翻译,发现和纠正语法问题和错误。这有助于学生提高语法意识和语法运用能力,进一步提高翻译质量。

(二)帮助理解和运用语言知识

通过使用机器翻译系统,学生能够更好地理解和运用英语语言知识。当学生遇到不熟悉的词汇或句子结构时，可以通过机器翻译系统查找相应的翻译结果，并加深对语言知识的理解。这有助于学生巩固语言基础，提高语言实践能力，并在翻译实践中灵活运用所学知识。

1. 理解词汇意义和用法

机器翻译系统可以帮助学生理解词汇的意义和用法。当学生遇到不熟悉的词汇时，可以通过机器翻译系统查找该词的翻译结果，并观察其在不同文章内容中的应用。这样的实践帮助学生扩充词汇量，理解词汇的多义性和用法变化，从而提高在翻译中正确使用词汇的能力。

2. 理解句子结构和语法规则

除了词汇，机器翻译系统还可以帮助学生理解句子结构和语法规则。学生可以通过输入待翻译的句子或短语，观察机器翻译系统给出的翻译结果，从中推测句子的结构和语法规则。通过这种方式，学生能够加深对英语语法的理解，进一步提高翻译的准确性和流畅度。

3. 提供实例和模板参考

机器翻译系统的使用可以为学生提供实例和模板参考。当学生在翻译时，可以通过机器翻译系统观察到各种不同类型的翻译结果，从中学习到不同的表达方式和翻译策略。这些实例和模板可以成为学生在类似情境下翻译时的参考，帮助更好地运用语言知识，提高翻译质量。

二、注重专业素养和文化意识

机器翻译的存在提醒了学生在翻译过程中要注重专业素养和文化意识。尽管机器翻译能够提供快速的翻译结果，但仍然存在词义歧义、语言表达不准确等问题。因此，英语翻译教学需要教导学生如何运用语言知识、专业背景和文化理解以解决这些问题，提高翻译质量。

（一）专业素养的培养

机器翻译系统的存在使学生认识到在翻译过程中需要具备一定的专业素养。虽然机器翻译可以提供翻译结果，但无法完全理解文本的背景、文章内容和特定领域的专业术语。因此，英语翻译教学需要强调学生的专业素养，包括对不同领域的专业知识的了解、术语的准确运用以及相关文献和资源的研究能力。通过培养专业素养，学生可以更好地理解和传达原文的意义，提高翻译的质量和准确性。

1. 机器翻译系统与翻译专业素养的相辅相成

机器翻译系统的普及和应用使得学生在英语翻译教学中开始认识到专业素养的重要性。学生意识到，虽然机器翻译系统可以提供快速的翻译结果，但并不能完全理解文本的背景、文章内容以及特定领域的专业术语。机器翻译的局限性促使学生意识到他们需要具备一定的专业素养，以便在翻译过程中更准确、更具专业性地表达。

2. 对不同领域专业知识的了解与运用

在英语翻译教学中，强调学生对不同领域的专业知识的了解是培养专业素养的重要方面。学生需要学习并熟悉不同领域的专业术语、概念和背景知识。他们需要了解特定领域的行业术语、科学名词、法律条款等，以便在翻译过程中准确传达原文的意义。通过学习和掌握这些专业知识，学生可以提高对原文的理解能力，从而产生更准确、更专业的翻译结果。

3. 准确运用术语是专业素养的表现

在英语翻译教学中，术语的准确运用是培养专业素养的重要方面。机器翻译系统在处理术语时存在一定的困难，尤其是在多义词和行业特定术语的翻译中。学生需要学习如何在翻译过程中正确地运用术语，并了解术语的不同译法和文章内容中的适用性。通过掌握术语的准确运用，学生可以提高翻译的准确性和专业性，有效地传达原文的专业含义。

4. 培养相关文献和资源的研究能力

英语翻译教学还应当培养学生的研究能力，使其能够利用相关的文献和资源支持翻译工作。学生需要学习如何查阅各类专业词典、参考书籍、学术论文和互联网资源，以获取准确的专业信息和背景知识。这种研究能力对培养学生的专业素养至关重要。通过研究相关文献和资源，学生可以进一步加深对专业领域的了解，掌握领域特定的术语和表达方式，从而在翻译过程中更加准确地传达原文的专业意义。此外，学生还可以借助相关资源了解文化背景、社会习俗和历史背景等方面的知识，从而在翻译中更好地传达文化内涵，提高翻译质量。

5. 提高专业素养的培养与翻译质量

通过强调专业素养的培养，英语翻译教学可以帮助学生提高翻译质量。专业素养使学生能够准确理解原文的意义，准确运用术语和表达方式，同时兼顾语言表达和专业要求。学生通过学习专业知识、研究相关文献和资源，提高对特定领域的了解，使得翻译结果更加准确、精确、符合专业要求。同时，专业素养也使学生能够意识到翻译工作中的文化因素，并能够灵活运用文化意识传达原文的文化内涵，使译文更贴近原文的风格和意义。

英语翻译教学通过提供实用工具和强调专业素养的培养，帮助学生理解和运用语言知识，注重不同领域的专业知识，准确运用术语，并通过研究相关文献和资源支持翻译工作。这些教学方法和技巧有助于提高学生的翻译质量和准确性，培养学生的专业素养，使其成为优秀的英语翻译专业人员。

（二）提升语言表达的准确性

尽管机器翻译系统可以提供快速的翻译结果，但其语言表达可能存在不准确、歧义或不自然的问题。这使学生认识到，在翻译时需要注意语言表达的准确性。英语翻译教学应着重培养学生对语言细节的敏感性和分辨能力，使其能够在翻译过程中捕捉并解决词义歧义、语法错误和语言表达不准确等问题。这样可以确保翻译结果与原文的意义相符，避免产生误导或误解。

1. 机器翻译系统的局限性与语言表达的准确性

虽然机器翻译系统在处理大量数据和生成快速翻译结果方面具有优势，但其语言表达的准确性却存在一定的局限性。机器翻译系统可能会在词义选择、语法结构和语言风格等方面出现问题，导致翻译结果不准确、含糊或不自然。学生通过与机器翻译系统的对比，意识到语言表达的准确性对翻译的重要性，并及时弥补机器翻译在这方面的不足之处。

2. 培养对语言细节的敏感性

在英语翻译教学中，培养学生对语言细节的敏感性是提高语言表达准确性的关键。学生需要学会仔细观察原文的词语用法、句子结构和语言风格，并将这些细节准确地转化为目标语言；需要理解词语的各种含义和用法，并选择最合适的翻译方式。通过教学实践和反复训练，学生可以逐渐提高对语言细节的敏感性，从而确保翻译的准确性和自然度。

3. 解决词义歧义和语法错误

在翻译过程中，学生常常会遇到词义歧义和语法错误的情况。他们需要学会通过文章内容的理解和语境的分析，准确把握原文的意思，并选择最合适的词汇和句法结构实现翻译。此外，学生还需熟悉目标语言的语法规则和惯用表达方式，以避免语法错误的出现。通过训练和实践，学生可以逐渐提高解决词义歧义和语法错误的能力，确保翻译的语言表达准确无误。

4. 注意语言风格和文化因素

在翻译时，学生还需要注意语言风格和文化因素对语言表达的影响。不同领域、不同文体和不同文化背景下的语言表达方式都有所差异，学生需要灵活运用语言风格和文化意识，以确保翻译结果与原文的风格和意义相符。此外，学生还需了解目标语言社会和文化的特点，以避免产生误导或误解；需要学习目标语言的惯用表达、文化隐喻和社会礼仪等，以便在翻译过程中正确传达原文的意义和情感。

英语翻译教学应着重培养学生对语言细节的敏感性，解决词义歧义和语法错误，注意语言风格和文化因素，运用修辞和美感，并开展反思和反馈。通过这些努力，学生可以提高翻译的语言表达准确性，确保翻译结果与原文的意义相符，以及具有流畅、优美的表达。

三、培养人工智能时代的翻译人才

随着人工智能的快速发展，机器翻译技术在翻译领域的应用越来越广泛。因此，英语翻译教学需要培养适应人工智能时代的翻译人才。学生需要具备对机器翻译技术的了解和应用能力，能够灵活运用机器翻译工具，提高工作效率，并与机器翻译系统实现有效的协作。

（一）了解机器翻译技术的原理和应用

在英语翻译教学中，学生需要了解机器翻译技术的原理和应用，学习机器翻译系统的基本工作原理、常见的翻译算法和模型，并了解机器翻译在实际应用中的优势和局限性。通过了解机器翻译技术，学生可以更好地评估其在翻译工作中的适用性和局限性，以便在实际应用中做出准确的选择。

（二）熟练使用机器翻译工具

英语翻译教学应该培养学生熟练使用机器翻译工具的能力。学生需要学习如何使用常见的机器翻译软件或在线平台，掌握其基本操作和功能，了解如何输入原文、选择目标语言和设置翻译参数等，并能够根据需要修订和调整结果。通过熟练使用机器翻译工具，学生可以提高翻译的效率和准确性，节省时间和精力。

（三）与机器翻译系统进行有效协作

在人工智能时代，英语翻译教学应该培养学生与机器翻译系统有效协作的能力。学生需要学习如何与机器翻译系统互动，利用系统提供的翻译结果和建议实现修订和优化。他们应该了解如何识别机器翻译的不足之处，并能够在翻译过程中加入自己的专业知识和语言表达，以提高翻译的质量和专业性。通过有效的协作，学生可以发挥人工智能和人类翻译者的优势，实现更好的翻译结果。

（四）注重翻译的创造性和人文素养

尽管机器翻译技术的发展提供了便利和效率，但翻译人才仍然需要注重翻译的创造性和人文素养。英语翻译教学应该培养学生的创造性思维和人文素养，使他们能够在翻译过程中发挥主观能动性和创意，充分表达原文的意义和情感。学生需要学习如何在机器翻译的基础上实行文本的润色和修饰，使翻译结果更加自然、流畅，并与目标语言和文化相符合。他们应该学习如何运用文章内容推理、词汇选择和语法调整等技巧，以增强翻译的表达力和语言美感。同时，学生也应该注重文本的准确性和专业性，通过查证和验证，确保翻译结果符合原文意图，并符合特定领域的要求。

（五）发展跨文化交际能力和全球视野

随着机器翻译技术的普及，翻译人才需要更强调跨文化交际能力和全球视野的发展。英语翻译教学应该鼓励学生积极参与跨文化交流和实践，培养跨文化沟通能力和敏感性。学生应该了解不同文化之间的差异和相似之处，掌握跨文化交际的基本礼仪和规范，以便在翻译工作中更好地理解和传达不同文化的思维方式和价值观念。同时，学生还应该关注国际事务、全球化趋势和领域知识的更新，以拓宽自己的全球视野，提升翻译的专业能力和广度。

为适应人工智能时代的翻译需求，英语翻译教学应注重培养学生对机器翻译技术的理解和应用能力，使他们能够灵活运用机器翻译工具，提高翻译的效率和准确性，并与机器翻译系统有效协作。同时，教学也应注重培养学生的创造性思维、人文素养、跨文化交际能力和全球视野，以保持翻译的价值和独特性。通过综合这些方面的培养，英语翻译教学可以培养出适应人工智能时代的翻译人才，为跨文化交流和全球化进程提供专业的语言服务。

四、强调创造性和人文关怀

机器翻译在某些情况下可以提供快速的翻译结果，但仍然无法替代人类翻译的创造性和人文关怀。英语翻译教学应该鼓励学生培养独特的翻译风格和思维方式，注重语言的表达和沟通效果，同时关注翻译作品的文学性和人文关怀。这将使学生在机器翻译时代具备与机器翻译系统区别开的核心竞争力。

（一）强调独特的翻译风格和思维方式

机器翻译系统虽然能够提供快速的翻译结果，但缺乏独特的翻译风格和思维方式。在英语翻译教学中，学生应该被鼓励发展自己独特的翻译风格，使其在翻译作品中展现出个人的创造性和独特性。学生可以通过深入理解原文的意义和情感，并结合自己的语言表达能力，选择恰当的词汇、句法结构和语言风格，以呈现出一种独特而富有个人特色的翻译作品。

1. 培养独特的翻译风格和思维方式

机器翻译系统的翻译结果通常是基于大规模语料库和统计模型生成的，缺乏个人化和独特性。在英语翻译教学中，学生应该被鼓励培养自己独特的翻译风格和思维方式。这意味着学生需要发展自己的语言表达能力和创造性思维，以在翻译过程中展现出个人的翻译风格和独到的见解。

学生可以通过广泛阅读和研究不同领域的文学作品、专业文章和其他文本以拓宽自己的知识和视野。同时，他们应该注重积累词汇和语法知识，学习如何灵活运用不同的语言工具和技巧，以创造出独特而精确的翻译作品。

此外，学生还可以通过参与翻译比赛、翻译讨论和翻译社群等活动，与其他翻译者交流和互动，借鉴他人的经验和观点，进一步丰富自己的翻译风格和思维方式。通过这样的实践和交流，学生可以逐渐形成自己的独特翻译风格，并不断提升自己的翻译水平。

2. 选择恰当的词汇、句法结构和语言风格

翻译并不仅仅是简单地将源语言转化为目标语言，而是涉及更深层次的语言选择和表达。在英语翻译教学中，学生应该学习如何选择恰当的词汇、句法结构和语言风格，以准确地传达原文的意义和情感。

学生需要了解不同词汇之间的语义差异、词汇搭配和语境的影响，以便在翻译中选择最合适的词汇，还应该学习如何运用不同的句法结构和语言风格，以使翻译作品更具有表达力和流畅度。

此外，学生还应该注意目标语言的语言习惯和惯用表达方式，避免直译和生硬的翻译，可以通过与目标语言的母语人士交流和讨论，以了解目标语言的惯用表达和文化背景，从而在翻译中选择恰当的语言风格。

通过培养对词汇、句法结构和语言风格的敏感性，学生可以在翻译过程中展现出个人

的创造性和独特性；也可以根据原文的特点和目标读者的需求，灵活运用不同的翻译技巧和策略，以确保翻译作品准确传达原文的意义，并在目标语言中呈现出独特而富有个人特色的翻译风格。

（二）注重语言的表达和沟通效果

尽管机器翻译系统可以提供准确的翻译结果，但往往无法准确传达原文的表达方式和情感色彩。在英语翻译教学中，学生应该注重语言的表达和沟通效果，追求更加自然、流畅和易于理解的翻译结果。他们需要学习如何运用语言技巧和修辞手法，使翻译作品更具有说服力和感染力。通过注重语言的表达和沟通效果，学生可以为读者提供更好的阅读体验，并确保翻译作品能够准确传达原文的意义和情感。

1. 注重语言的表达效果

在英语翻译教学中，学生应该注重语言的表达效果，即如何准确而生动地传达原文的意义和情感。他们需要学习如何选择恰当的词汇、短语和句子结构，以确保翻译作品在目标语言中具有自然、流畅和易于理解的特点。

学生应该注意语言的准确性，避免直译和死板的表达方式。他们需要理解原文的语境和意图，运用适当的语言技巧和修辞手法，以使翻译作品更具有表达力和感染力。例如，可以使用比喻、类比、排比等修辞手法增强翻译作品的说服力和形象感。

此外，学生还应该注重语法和语用规则的运用，以确保翻译作品的语言结构正确、连贯和符合目标语言的习惯用法。他们可以通过阅读和分析优秀的翻译作品，学习如何运用语言技巧和修辞手法，使翻译作品更富有表达力和艺术性。

2. 注重作品的沟通效果

除了语言的表达效果，学生还应该注重翻译作品的沟通效果。翻译的目的是将信息传递给读者，因而学生需要考虑目标读者的背景、知识水平和文化差异，以确保翻译作品能够被读者准确理解和接受。

学生可以通过分析目标读者的需求和预期，选择适当的语言风格和表达方式，以使翻译作品更贴近目标读者的口味和阅读习惯；也可以通过与目标语言的母语人士交流和反馈，不断改进翻译作品，使其更符合读者的需求和期望。

此外，学生还应该注意翻译作品的结构和组织，使其在整体上具有清晰的逻辑和连贯的故事线。通过运用段落分割、标题设置、标点符号等手段，使翻译作品更易于阅读和理解。

在机器翻译与英语翻译教学的关系中，注重语言的表达和沟通效果是非常重要的。学生应该学习如何运用语言技巧和修辞手法，以准确而生动地传达原文的意义和情感。他们需要选择恰当的词汇、短语和句子结构，以确保翻译作品在目标语言中自然流畅且易于理解。同时，学生也应该避免直译和死板的表达方式，而是通过理解原文的语境和意图，运用适当的语言技巧和修辞手法，增强翻译作品的表达力和感染力。这样注重语言的表达效果可以使翻译作品更具有吸引力和影响力。

（三）关注翻译作品的文学性和人文关怀

机器翻译系统往往只注重翻译的准确性和语法正确性，而忽视了翻译作品的文学性和人文关怀。在英语翻译教学中，学生应该被鼓励关注翻译作品的文学性和人文关怀，使其在翻译过程中更加注重文学表达和情感传递。学生可以学习文学翻译的技巧和方法，如何处理文学作品中的隐喻、象征和修辞手法，以及如何传达原作的文化内涵和审美意义。通过关注翻译作品的文学性和人文关怀，学生可以为读者呈现出更具有艺术性和人文关怀的翻译作品。

1. 关注翻译作品的文学性

在英语翻译教学中，学生应该被鼓励关注翻译作品的文学性，即如何传达原作的文学特点和风格。文学作品往往包含丰富的隐喻、象征和修辞手法，而机器翻译系统往往无法准确处理这些文学元素。因此，学生需要学习如何在翻译过程中捕捉原作的文学美感，并将其传达到目标语言中。

学生可以通过深入理解原作的文学内涵，分析原作的语言运用和结构特点，以及掌握文学翻译的技巧和方法，以提高翻译作品的文学性；也可以学习如何翻译隐喻和象征，如何保留原作的韵律和节奏，以及如何运用适当的修辞手法增强翻译作品的艺术性和表达力。

通过关注翻译作品的文学性，学生可以在翻译过程中展现自己的创造性和艺术才华，使翻译作品更富有文学价值和审美意义。他们可以尝试根据原作的特点选择适当的词汇、句法和语言风格，以营造原作所传递的氛围和情感。同时，还可以通过与其他翻译学习者和专业人士的交流和分享，不断探索和发展自己的独特翻译风格。

2. 关注翻译作品的人文关怀

除了翻译作品的文学性，学生还应该关注翻译作品的人文关怀，即如何传递原作所蕴含的情感、价值观和文化内涵。文学作品往往承载着作者的情感和思想，而机器翻译系统往往无法准确理解和传达这些人文因素。

学生可以通过深入理解原作的背景和意图，以及与作者产生情感共鸣，以更好地传递原作的人文关怀。他们需要注意原作中的文化特点和习惯，运用适当的语言表达和文化转换策略，以确保翻译作品能够在目标语言中传达出相似的情感和人文价值。

在翻译教学中，教师可以引导学生开展文学作品的分析和讨论，让他们深入了解原作涉及的文化、历史和社会背景，以及原作表达的情感和价值观。学生可以通过阅读原作的背景资料、文学评论和相关研究，加深对原作的理解，并在翻译过程中充分考虑原作所承载的人文关怀。

在课堂上，教师可以引导学生开展翻译实践和讨论，让他们分享自己对原作的理解和翻译策略，同时倾听其他同学的观点和见解。这种合作性的学习环境可以激发学生的创造力和思考能力，同时培养对文学作品的敏感性和人文关怀意识。

此外，教师还可以组织学生参与文学翻译比赛、演讲或阅读会等活动，让他们有机会展示自己关注文学性和人文关怀的翻译作品，并与其他翻译爱好者交流和互动。这样的实践和经验将帮助学生提升翻译的文学性和人文关怀，使他们能够更好地传递原作的情感和文化内涵。

总而言之，英语翻译教学应该强调翻译作品的文学性和人文关怀。通过培养学生对文学作品的敏感性和理解力，以及提供相关的技巧和方法指导，可以使学生在翻译过程中更加注重文学表达和情感传递。这样的教学方法将有助于培养出更具艺术性和人文关怀的翻译人才。

第三节　机器翻译在跨文化交际能力培养视域下的英语翻译教学中的应用

在跨文化交际能力培养视域下，机器翻译在英语翻译教学中可以发挥重要的作用。

一、词典类翻译软件教学

在跨文化交际能力培养视域下的英语翻译教学中，词典类翻译软件是机器翻译的一种形式，可以被应用于三个方面。

（一）词汇学习和扩展

词典类翻译软件可以帮助学生学习和扩展词汇量。学生可以使用词典类翻译软件查询词汇的意义、用法和搭配，从而更好地理解和应用词汇。在翻译教学中，教师可以引导学生使用词典类翻译软件学习词汇，并提供相关的练习和任务，以帮助学生巩固所学的词汇知识。

1. 词汇查询和解释

学生可以使用词典类翻译软件查询单词的意义和解释。软件通常提供详细的词汇释义、用法示例和语法信息，帮助学生全面理解单词的含义和用法。通过反复查询和学习，学生可以扩展自己的词汇量，并建立起对词汇准确的理解能力。

2. 搭配和用法示例

词典类翻译软件不仅提供单词的基本解释，还提供丰富的搭配和用法示例。学生可以通过查询软件了解单词的典型搭配、固定短语和常见用法，从而学会正确地运用词汇。这对学生的语言表达能力和语感培养非常重要。

3. 同义词和反义词查询

词典类翻译软件还可以帮助学生查询单词的同义词和反义词，这对学生的词汇学习和写作表达都非常有帮助。学生可以通过软件了解到单词的近义词和相对应的反义词，丰富自己的表达方式，提高语言的准确性和丰富性。

4.发音和语音学习

一些词典类翻译软件提供单词的发音功能，可以帮助学生准确地掌握单词的发音。学生可以通过听音频示例学习正确的发音，提高自己的听说能力。此外，一些软件还提供语音学习功能，可以帮助学生了解单词的音标和发音规则，提高对英语语音的认知和掌握。

5.词汇练习和应用

在词汇学习的过程中，词典类翻译软件可以作为学生的练习和应用工具。学生可以通过软件提供的练习和任务，巩固所学的词汇知识。例如，填词、造句、翻译练习等，都可以通过软件实践和反馈。这样的练习和应用有助于学生将词汇知识转化为实际运用能力。

（二）翻译策略的培养

词典类翻译软件可以帮助学生培养翻译策略。学生可以使用词典类翻译软件查询单词、短语和句子的翻译，并比较不同翻译选项之间的差异和合适度。通过使用词典类翻译软件，学生可以学习如何选择最合适的翻译选项，考虑语言的准确性、流畅性和表达效果，从而培养自己的翻译决策能力。

1.翻译选项的比较和评估

词典类翻译软件可以提供多个翻译选项，学生可以使用软件比较不同选项之间的差异和优劣。通过仔细观察和分析不同的翻译选项，学生可以学会评估其语言准确性、流畅性和表达效果，并选择最合适的翻译策略。

2.翻译的准确性和语境理解

词典类翻译软件在提供翻译选项的同时，通常也提供了对应的词义、用法和例句等信息。学生可以利用这些信息更好地理解原文的语境，并判断不同选项在特定语境中的适用性。这有助于学生培养对语言准确性的敏感性，确保翻译结果的准确性。

3.文化适应和转换能力

词典类翻译软件还可以帮助学生实现文化适应和转换。在跨文化交际中，翻译不仅仅是语言层面的转换，还涉及文化差异的转换和理解。学生可以通过词典类翻译软件了解不同文化背景下的词汇和表达方式，并学习如何在翻译过程中实现文化适应，使译文更符合目标文化的习惯和习惯。

4.翻译决策的思考和解释

词典类翻译软件提供的多个翻译选项可以促使学生思考和解释自己的翻译决策。学生可以使用软件的反馈和解释了解每个翻译选项的优点和局限，并论证和解释自己的选择。这培养了学生的批判性思维能力，使他们能够在翻译过程中更加自信和有条理地做出决策。

（三）跨文化交际的意识和理解

词典类翻译软件可以帮助学生培养跨文化交际的意识和理解。学生可以使用词典类翻译软件查询不同语言和文化之间的差异，了解不同词汇和表达方式在不同文化背景下的含义和使用情况。通过使用词典类翻译软件，学生可以更好地理解目标语言的文化内涵和交际习惯，以及如何实现文化适应和转换。

1. 对文化内涵的了解

词典类翻译软件不仅提供词汇的直译，还会提供对应的文化解释和背景知识。学生可以通过软件了解目标语言词汇的文化内涵和意义，了解不同词汇在不同文化背景下的特殊含义和隐喻。这有助于学生深入理解语言与文化之间的紧密联系，从而在翻译中更加准确地表达文化内涵。

2. 对交际习惯的学习

词典类翻译软件可以帮助学生学习目标语言的交际习惯和惯用表达方式。软件通常提供丰富的例句和语境信息，帮助学生理解特定语境下的语言使用规范和交际准则。通过软件查询和学习，学生可以逐渐掌握目标语言的交际技巧，提高与目标语言人群的交流能力。

3. 帮助文化适应与转换

词典类翻译软件可以帮助学生实现文化适应和转换。学生可以通过软件了解不同文化之间的差异，比较并学习不同文化背景下的词汇和表达方式。通过了解不同文化间的语言和思维模式的差异，学生可以培养跨文化意识，并学会在翻译过程中实现文化适应和转换，以确保译文更符合目标文化的习惯和习俗。

4. 提供社交语言和非正式表达

词典类翻译软件通常提供丰富的社交语言和非正式表达方式。这些表达方式在日常口语交流中常见，但在传统的教科书中可能没有涉及。通过使用词典类翻译软件，学生可以了解和学习这些非正式的表达方式，提高与母语人士的日常交流能力，并更好地融入目标语言的社交文化环境。

二、全文翻译和汉化翻译软件教学

机器翻译在跨文化交际能力培养视域下的英语翻译教学中，全文和汉化翻译软件的应用可以帮助学生更好地理解和应用英语翻译技巧。

（一）全文翻译软件的应用

全文翻译软件可以帮助学生翻译和理解整体文本。学生可以使用全文翻译软件翻译完整的文章、段落或句子，以便更好地理解原文的整体意思和结构。通过使用全文翻译软件，学生可以学会处理长篇文本的翻译挑战，包括处理复杂的句子结构、保持文本连贯性和传达作者的意图等。

（二）汉化翻译软件的应用

汉化翻译软件可以帮助学生将英语文本转化为符合汉语语言和文化习惯的翻译版本。

学生可以使用汉化翻译软件处理英语文本中的语言和文化差异，以便在翻译过程中适当地转换和调整。通过使用汉化翻译软件，学生可以培养对目标语言的敏感性，并学会在翻译过程中实现文化适应和转换，以确保译文更贴合汉语读者的理解和接受。

三、在线翻译软件教学

机器翻译在跨文化交际能力培养视域下的英语翻译教学中，在线翻译软件的应用可以提供学生与真实语言环境的互动和实践机会，进一步培养翻译技能和跨文化交际能力。

（一）实时翻译和即时反馈

在线翻译软件可以实现实时翻译，使学生能够立即查看和比较译文。这为学生提供了即时反馈和纠正的机会，帮助他们准确理解原文，调整翻译策略，并改善译文质量。学生可以通过与在线翻译软件的互动，不断提高翻译准确性、流畅性和自然度。

（二）语言模型和术语库的支持

在线翻译软件通常基于大规模的语料库和语言模型，提供丰富的翻译选项和术语解释。学生可以利用这些资源解决词汇和翻译难题，查找相关术语的正确翻译，并学习适当的词汇搭配和表达方式。通过与在线翻译软件的互动，学生可以扩展自己的词汇量，丰富专业知识，并提高对语言的敏感度。

（三）文化适应和转换的训练

在线翻译软件不仅提供翻译结果，还提供背景文化和地域信息，帮助学生理解目标语言的文化内涵和社会背景。学生可以通过与在线翻译软件的互动，了解不同文化间的差异，并学会在翻译过程中实现文化适应和转换。他们可以观察到翻译结果中的文化元素，并根据需要调整，以确保译文在目标文化中得到准确理解和接受。

（四）提供多模态学习和实践

在线翻译软件支持多种输入方式，如语音输入、图像翻译等，这为学生提供了多模态的学习和实践机会。他们可以通过语音输入与翻译软件互动，训练口语表达和听力理解能力。同时，图像翻译功能可以帮助学生处理包含图片或图表的文本，提高对图像和文字之间关系的理解。

四、翻译记忆软件教学

机器翻译在跨文化交际能力培养视域下的英语翻译教学中，翻译记忆软件的应用可以帮助学生提高翻译效率、保持一致性，并促进跨文化交际能力的培养。

（一）提升翻译效率

翻译记忆软件可以帮助学生提高翻译效率。学生可以利用翻译记忆软件存储和管理之前翻译过的句子、短语和术语。在翻译新文本时，软件会自动检索并呈现相似或完全匹配的翻译段落，节省了学生重新翻译相同或类似内容的时间和精力。通过使用翻译记忆软件，学生可以更快速、高效地完成翻译任务，提高工作效率。

（二）保持翻译一致性

翻译记忆软件有助于保持翻译一致性。在学生翻译时，软件会提供之前翻译过的相似内容作为参考，并确保在整个文档中保持一致的翻译风格、词汇和术语使用。这有助于避免在翻译过程中产生不一致或矛盾的表达，提高译文的质量和可读性。通过使用翻译记忆软件，学生可以培养对一致性和准确性的重视，形成自己的翻译规范。

（三）积累术语管理和专业知识

翻译记忆软件提供术语管理功能，使学生能够构建和更新术语库。学生可以记录和整理特定领域的术语、短语和表达，以便在后续翻译中使用。通过使用翻译记忆软件，学生可以积累专业知识，并逐渐建立起自己的专业术语库。这有助于提高翻译质量，使译文更加准确和专业。

第四节　机器翻译在英语翻译教学中的问题与挑战

虽然机器翻译软件和电子设备帮助学生节约了学习成本，但是初级翻译设备本身具有局限性，不可避免地会对翻译学习产生一些负面影响。机器翻译是有局限性的，因为自身无法像人一样综合归纳理解自然语言中的词法、句法、语义和意境，翻译结果往往简单、生硬，不具有人文美感和艺术性，译文往往也缺少文字深度。同时，对复杂句的翻译时常会出现不符合基本语法、语序的情况。若学生过于信赖，以此为翻译学习的主要方法，便会误入歧途，给大学英语翻译教学带来更多的障碍。此外，过分依赖机器翻译，可能会使还在学习基本翻译技能的学习者都去走捷径，而忘记积累和磨炼的重要性，让翻译教学难于开展。

一、语言和文化的复杂性

机器翻译软件难以完全理解语言和文化的复杂性。语言是充满文化内涵和语境的，而机器翻译往往只能字面翻译，无法准确理解词语和表达背后的文化含义。这使得机器翻译结果往往缺乏准确性和自然度，无法传达原文的细腻情感和修辞手法。学生如果仅依赖机器翻译，可能会忽视语言和文化的综合学习，限制了在跨文化交际中的能力。

首先，机器翻译往往只能字面翻译，无法捕捉和传达原文中的隐含意义、修辞手法和文化细节。这导致机器翻译结果在表达上显得生硬、不自然，无法传达原文作者的意图和情感。

其次，机器翻译无法根据不同文化背景灵活地调整翻译。每个文化都有其独特的表达方式和习惯用语，这些表达方式往往难以直接翻译成其他语言。机器翻译往往会忽视这些文化差异，导致翻译结果缺乏地道性和准确性。

最后，机器翻译对修辞手法、幽默和文学性文本的处理也存在困难。这些方面的翻译需要对语言的细微差别和文化背景有敏感的理解，而机器翻译往往难以准确捕捉这些细节，导致翻译结果的质量下降。

因此，学生在英语翻译教学中需要认识到机器翻译在语言和文化复杂性方面的局限性，需要注重语言和文化的学习，提高自己的跨文化交际能力。同时，学生也应该将机器翻译作为辅助工具，辅之以人工翻译的思维和决策能力，以确保翻译质量和准确传达原文的意图。

二、语法和句法的挑战

机器翻译在处理复杂句子和语法结构时面临各种挑战。复杂的句子结构、从句和修辞手法往往需要深入的语法和句法理解，而机器翻译往往无法正确解析和翻译这些复杂结构。这导致机器翻译结果中经常出现语法错误和不连贯的表达，无法达到高质量的翻译水平。学生需要通过学习语法和句法知识，才能够正确理解和翻译复杂句子，而过度依赖机器翻译可能导致对语法和句法的忽视。

首先，复杂句子结构可能包含多个子句、并列结构、嵌套结构等，要求学生能够准确理解每个句子成分的作用和关系。机器翻译在处理这些复杂结构时可能存在困难，导致翻译结果出现语法错误或不通顺的现象。例如，机器翻译可能无法正确理解长句中的主谓一致、动词时态、介词短语等语法要素。

其次，修辞手法在英语翻译中起到重要作用，但机器翻译往往难以正确识别和传达修辞手法的意义。修辞手法如隐喻、比喻、倒装等在英语中常用于文学作品、演讲和广告中，能够赋予文本更丰富的表达和情感。然而，机器翻译往往无法准确捕捉这些修辞手法的含义和效果，导致翻译结果缺乏灵活性和表达力。

最后，机器翻译在处理多义词和歧义句时也存在困难。多义词具有不同的词义和用法，需要根据文章内容准确翻译，而机器翻译往往只能字面翻译，无法正确选择最合适的词义。类似的，歧义句可能有多个解释，需要根据语境合适翻译，但机器翻译往往无法开展准确的语境分析。

因此，学生在英语翻译教学中需要重视语法和句法的学习，以提高对复杂句子和语法结构的理解和处理能力。机器翻译可以作为辅助工具，但学生应该发展自己的语法分析和句法解析能力，以确保翻译质量和准确传达原文的意义。过度依赖机器翻译可能导致学生忽视语法和句法知识的积累，从而影响翻译能力的提升。此外，机器翻译在处理复杂句子和语法结构时可能会产生误导，给学生带来不正确的语言模型和句法范式，从而形成错误的语言习惯和翻译倾向，这对学生的英语翻译教学造成了挑战。

三、文化适应和转换的困难

机器翻译往往无法实现准确的文化适应和转换。不同文化之间存在着语言表达和交际习惯的差异，需要在翻译过程中实现文化适应和转换。机器翻译缺乏对不同文化背景的深入理解，很难准确处理文化相关的表达和隐含意义。学生在学习翻译时需要注重跨文化交际能力的培养，而机器翻译的过度依赖可能导致学生对文化因素的忽视。

首先，机器翻译系统通常缺乏对不同文化背景的深入理解。语言和文化是紧密相关的，同一词语或表达方式在不同文化中可能具有不同的含义和使用方式。在翻译过程中，理解和传达源语言的文化内涵是至关重要的，而机器翻译往往只能字面转译，无法准确理解和传达文化相关的信息。这可能导致机器翻译的结果在目标语言文化中显得不自然或不合适，无法达到预期的交际效果。

其次，机器翻译往往无法处理文化间的隐含意义和非字面表达。不同文化之间存在着丰富的隐喻、比喻、谚语等语言表达方式，这些表达常常需要在翻译过程中转换和解释。然而，机器翻译往往只能实现字面层面的翻译，无法准确捕捉和传达源语言的隐含意义。学生在翻译教学中需要培养对隐含意义和非字面表达的敏感度和理解能力，而机器翻译的使用可能限制了学生在这方面的发展。

最后，文化适应和转换还涉及对社会、历史和地域背景的理解。翻译过程中，译者需要考虑到不同文化背景下的社会习俗、历史事件和地域特色，以便准确传达原文的意义和情感。然而，机器翻译系统通常缺乏对这些背景知识的了解，无法实现综合性的文化适应和转换。学生需要通过学习和研究不同文化背景下的社会、历史和地域知识，才能在翻译中实现准确的文化适应和转换。

四、学习者依赖和技能发展的限制

过分依赖机器翻译可能导致学习者忽视基本翻译技能的积累和发展。翻译是一项综合性的技能，需要学习者具备扎实的语言基础、语言感知能力和文化意识。机器翻译虽然提供了方便和快速的翻译工具，但并不能替代学生对语言和翻译的深入理解和掌握。

首先，机器翻译并不能提供对语言和文化的深入理解，学生需要通过自身的努力和学习积累这些基础知识。语言是复杂的，其中包含了丰富的词汇、语法和句法规则，以及文化内涵和表达方式。学生如果完全依赖机器翻译，可能会忽视对这些基础知识的学习和掌握，无法真正理解和运用语言。

其次，翻译是一项涉及多个技能和能力的综合性任务，包括语言理解、文化适应、语境把握、语法准确等。机器翻译往往无法提供准确的翻译结果，学生需要通过自己的思考和决策审查和修改机器翻译的结果。过度依赖机器翻译可能使学生失去了翻译过程中思考和决策的机会，从而限制了他们的技能发展。

最后，机器翻译技术本身存在一定的限制和错误。机器翻译算法在处理复杂语境、特定领域和文学性文本等方面仍然面临挑战。机器翻译结果中可能存在语法错误、表达不准确或不连贯等问题。学生需要明白这些技术限制，并在翻译过程中保持批判性思维，不盲目接受机器翻译的结果。

因此，为了克服机器翻译在英语翻译教学中的问题与挑战，学生需要保持对语言和文化的独立学习和探索精神。他们应该培养扎实的语言基础，深入理解语言的各个方面，并通过广泛的阅读和实践以提升翻译技能。同时，学生也要意识到机器翻译的局限性，将其作为辅助工具，而不是完全依赖的主要方法。通过综合运用自身的知识和技能，学生才能在翻译教学中取得更好的成果。

第五节　跨文化交际能力培养视域下的英语翻译教学中机器翻译的教学策略

一、增加机器翻译相关内容

技术转向是当今翻译实践发生巨大变革的一个结果，自然也对翻译人才培养提出了新的要求。例如，在教学内容上，要增加翻译技术教学模块，关注翻译技术的发展。因此，在课程设置中增加机器翻译的内容，应用翻译学科的前沿发展，既提升学生学习的紧迫感和主动性，又是推动课程改革的重要一环。虽然目前绝大部分高校还未把机器翻译设置为独立课程，但已有学者探讨了如何培养学生运用机器翻译工具，提升翻译能力。

（一）引入机器翻译技术模块

在课程设置中增加专门的机器翻译技术模块，介绍机器翻译的原理、技术和应用。学生可以通过学习机器翻译的基本知识，了解其在翻译领域的发展和应用情况，培养对机器翻译的认识和理解。

1.理论基础与发展历程

机器翻译基本原理是介绍机器翻译的基本概念、方法和模型，包括统计机器翻译、神经机器翻译等，学生可以了解机器翻译的基本工作流程和核心技术。

机器翻译发展历程是回顾机器翻译的发展历史，包括传统方法到深度学习方法的演进，学生可以了解机器翻译技术的发展脉络和里程碑。

2.机器翻译应用领域

文本翻译是探讨机器翻译在文本翻译领域的应用，如新闻报道、科技文献等，学生可以了解机器翻译在处理大量文本和提高翻译效率方面的优势和应用场景。

语音翻译是介绍机器翻译在语音翻译领域的应用，如实时语音翻译和语音助手，学生可以了解语音翻译技术的基本原理和发展现状。

3.机器翻译质量评估与提升

机器翻译质量评估方法是介绍机器翻译质量评估的基本指标和方法，如 BLEU、TER 等，学生可以学习如何评估机器翻译的准确性和流畅度。

机器翻译结果改进是探讨机器翻译结果改进的方法，如后编辑、术语管理等，学生可以学习如何通过人工干预提高机器翻译的质量和可用性。

4. 机器翻译与人工翻译的结合

机器翻译与人工翻译的协同应用。探讨机器翻译和人工翻译的结合应用，如混合翻译系统、自动化翻译流程等，学生可以了解如何将机器翻译技术与人工翻译相结合，提高翻译效率和质量。

后编辑与润色是介绍机器翻译后编辑和润色的方法和技巧，学生可以学习如何使用机器翻译结果作为基础，开展后续编辑和润色工作，提高翻译质量和流畅度。

5. 跨文化交际能力与机器翻译

机器翻译的跨文化适应能力讨论的是机器翻译在跨文化交际中的应用和挑战，学生可以了解机器翻译在不同语言和文化之间的适应能力，以及在处理文化差异时可能出现的问题。

文化调整与翻译决策强调学生在使用机器翻译时开展文化调整和翻译决策的重要性。学生需要学习如何根据目标语言和文化的特点修正和调整机器翻译结果，以保持翻译的准确性和适应性。

6. 伦理和法律问题

机器翻译的伦理考虑讨论的是机器翻译在隐私、数据安全和信息准确性等方面的伦理考虑，学生可以了解机器翻译在处理敏感信息和涉及个人隐私时可能面临的伦理挑战，并学习如何应对这些问题。

法律规定和标准介绍的是与机器翻译相关的法律规定和行业标准，如数据保护法规、质量认证等。学生需要了解机器翻译在法律和合规方面的要求，以确保合法和可靠的翻译实践。

通过引入机器翻译技术模块，学生可以全面了解机器翻译的原理、技术和应用，掌握机器翻译与人工翻译的结合方法，培养跨文化交际能力和批判性思维，以适应翻译实践中的挑战和变化。

（二）实际运用机器翻译工具

教师可以引导学生使用机器翻译工具开展实际翻译任务。学生可以通过实践，掌握机器翻译工具的基本操作和使用技巧，同时了解机器翻译在实际翻译中的应用和限制。教师可以提供相关的案例和练习，让学生通过实际操作体验机器翻译的效果和问题。

1. 介绍机器翻译工具

学习机器翻译工具的基本知识。教师可以向学生介绍不同的机器翻译工具，如 Google Translate、Microsoft Translator 等。学生可以了解各个工具的特点、使用方法以及支持的语言等信息。

操作指导和技巧。教师应提供详细的操作指导和使用技巧，教授学生如何输入源文本、选择目标语言、解析翻译结果等操作步骤。此外，教师还可以教授一些常用的机器翻译工具快捷键和设置选项，以提高学生的操作效率。

2. 翻译机器的运用

（1）翻译任务设计

教师可以设计不同类型的翻译任务，包括句子翻译、段落翻译、文件翻译等。这些任务可以来自真实的翻译项目或语料库，以使学生更好地理解机器翻译的实际应用场景。

（2）学生翻译实践

学生可以根据教师提供的翻译任务，运用机器翻译工具开展翻译实践，通过输入源文本并选择适当的目标语言，再分析和编辑机器翻译结果以生成最终的翻译文本。

（3）翻译对比与讨论

学生完成翻译任务后，可以与同学们对比和讨论翻译结果。通过分享使用机器翻译工具的体验、遇到的困难以及对机器翻译结果的评价，促进交流和共同学习。

3. 分析机器翻译的应用和限制

（1）翻译结果评估

教师可以引导学生评估机器翻译结果，包括准确性、流畅度、文化适应性等方面。学生需要思考机器翻译在不同翻译任务中的优势和不足，并分析其应用的可行性和限制。

（2）误差分析和修正

学生可以误差分析机器翻译结果，找出常见的翻译错误和不准确的翻译。他们可以通过手动修正或采取其他策略改进机器翻译的结果，如添加文章内容信息、调整术语翻译、处理歧义等。这有助于培养学生在实际应用中发现问题并修正的能力。

4. 讨论机器翻译与人工翻译的区别

（1）语言和文化的考量

教师可以引导学生讨论机器翻译和人工翻译在语言和文化考量方面的区别。学生可以思考机器翻译对语言和文化的处理能力，以及在特定场景下人工翻译的优势。

（2）跨文化交际能力的重要性

学生可以深入探讨机器翻译在跨文化交际中的应用和限制。他们需要思考如何结合机器翻译和人工翻译的优势，以培养跨文化交际能力，并为解决语言和文化差异带来的挑战提供解决方案。

5. 案例研究和综合项目

（1）案例研究

教师可以引导学生开展机器翻译相关案例的研究，探讨机器翻译在特定领域或跨文化交际场景中的应用。学生可以选择感兴趣的领域，收集并深入分析相关案例，从中汲取经验和教训。

（2）综合项目

为了综合运用他们所学的机器翻译知识和技能，教师可以组织学生参与综合项目，如翻译平台的设计与开发、机器翻译系统的改进和优化等。这样的项目可以让学生在实践中应用机器翻译技术，锻炼他们的问题解决能力和团队合作精神。通过实践运用机器翻译工具的教学策略，学生能够深入了解机器翻译的操作、应用和限制，培养他们的技术能力、分断能力和解决问题的能力。

（三）分析和评估机器翻译结果

学生可以学习如何分析和评估机器翻译结果的准确性和流畅度。教师可以指导学生学习常见的机器翻译错误类型和修正方法，培养学生批判性思维和判断能力。通过对机器翻译结果的分析和评估，学生可以了解机器翻译的局限性，并提升自己的翻译能力。

1. 机器翻译结果的准确性分析

教师可以指导学生学习如何识别机器翻译结果中的错误类型，如语法错误、词义歧义、术语翻译不准确等。学生可以学习使用语法和语义知识，结合文章内容理解和判断机器翻译结果的准确性。他们应该能够识别出明显的翻译错误，并提出相应的修改建议。

学生还可以学习如何使用参考资料和语料库验证机器翻译结果的准确性。通过查阅相关的专业词典、翻译记忆库和平行语料库，学生可以比对和验证机器翻译结果，找出不一致或不准确的地方。

2. 机器翻译结果的流畅度评估

教师可以教授学生如何评估机器翻译结果的流畅度和可读性。学生可以学习如何判断翻译文本是否符合目标语言的语言习惯和表达习惯。他们应该能够发现句子结构是否流畅、词汇是否恰当、语气是否准确等问题，并提出相应的改进建议。

学生还可以学习如何根据文本的内容评估机器翻译结果的流畅度。他们应该能够判断翻译文本是否与内容一致，是否能够准确传达原文的意思。通过理解文本的语境和信息，学生可以全面评估机器翻译结果的流畅度。

3. 评估机器翻译结果的可用性

学生还应该学习如何评估机器翻译结果的可用性，即机器翻译结果是否满足特定的翻译需求和目标。教师可以引导学生思考机器翻译在不同领域和场景中的应用，如新闻报道、科技文献、商业文件等。学生可以学习如何评估机器翻译结果是否符合特定领域的专业术语和用语规范，以及是否能够准确传达特定领域的信息。

此外，学生还应该学习如何评估机器翻译结果的可编辑性和可修改性。他们可以学习使用机器翻译编辑工具修改和调整翻译结果，以达到更好的翻译质量。教师可以指导学生学习编辑技巧和策略，帮助他们有效地修改机器翻译结果，提高翻译的准确性和流畅度。

在教学实践中，教师可以设计各种练习和任务，让学生应用上述分析和评估技巧。例如，教师可以提供一些机器翻译结果，并要求学生分析其中的错误和不足之处，并提出相应的修改建议。教师还可以组织学生开展小组讨论，让他们分享自己对机器翻译结果的评估和改进想法，促进彼此之间的学习和交流。

通过这些教学策略，学生可以逐步培养对机器翻译结果的分析和评估能力，提高对机器翻译优势和局限性的理解。他们将能够更加准确地识别机器翻译结果中的错误和问题，并提出相应的改进建议。同时，还将培养批判性思维和判断能力，能够客观评估机器翻译结果的准确性、流畅度和可用性，为实际翻译工作提供有价值的参考和指导。

二、利用 SPOC 支持课堂改革，开展线上线下混合式翻转课堂教学

利用 SPOC（Small Private Online Course）支持课堂改革，开展线上线下混合式翻转课堂教学，是跨文化交际能力培养视域下的英语翻译教学中应用机器翻译的一项重要教学策略。这种教学模式结合了线上学习和面对面教学的优势，旨在提高学生的参与度、互动性和自主学习能力。

（一）设计线上学习资源和活动

在 SPOC 平台上，教师可以设计多样化的线上学习资源和活动，以支持学生在课前自主学习和准备。这些线上学习资源和活动的设计应当注重培养学生的跨文化交际能力和机器翻译实践技能。

1. 教学视频和课件

教师可以录制和分享教学视频，涵盖机器翻译的基本概念、技术原理、应用案例等内容。通过视听结合的方式，学生可以更加直观地理解和掌握机器翻译相关知识。此外，教师还可以提供详细的课件，包括文字说明、示例和图表，以帮助学生深入学习和消化知识。

2. 练习题和案例分析

为了巩固学生对机器翻译理论的掌握，教师可以设计各种练习题和案例分析。练习题可以涵盖机器翻译的基本原理、算法和技术应用，要求学生思考和实践。案例分析可以提供实际的翻译任务，要求学生运用机器翻译工具实现翻译，并分析和评估机器翻译结果的准确性和流畅度。

3. 在线讨论和互动

为了促进学生之间的学习交流和互动，教师可以设计在线讨论版块或论坛。学生可以在平台上发表观点、提出问题、分享经验和观察，与同学进行讨论和互动。教师可以起到引导和促进的作用，激发学生的思考和探索，同时提供正确的指导和反馈。

4. 学习任务和项目

为了让学生将机器翻译理论应用于实践，教师可以设计学习任务和项目。学习任务可以是小型的翻译练习，要求学生运用机器翻译工具翻译，并分析和评估结果。学习项目可以是较大规模的翻译项目，要求学生结合跨文化交际能力和机器翻译技能，完成真实的翻译任务。教师可以提供指导和反馈，确保学生的学习任务和项目达到预期的目标。

通过设计丰富多样的线上学习资源和活动，教师可以在 SPOC 平台上支持学生自主学习和提升机器翻译相关的能力。

（二）进行线下面对面教学活动

在线下课堂中，教师可以组织各种互动式的学习活动，以进一步加强学生对机器翻译的理解和应用能力。

1. 小组讨论和合作项目

教师可以将学生分为若干小组，要求他们共同完成一个机器翻译项目。每个小组可以选择一个真实的翻译任务，使用机器翻译工具实现初步翻译，并在课堂上展示结果。通过小组合作，学生可以互相学习和借鉴，共同探讨机器翻译的优势和局限性。

小组分工和任务选择。教师首先将学生分成若干小组，每个小组由 3～5 名学生组成。接着，教师可以提供一系列真实的翻译任务供小组选择。这些翻译任务可以涵盖不同领域和语言难度，以满足学生的不同学习需求和兴趣。学生可以根据自己的兴趣和专长选择适合的翻译任务，并与小组成员商讨确定分工和时间安排。

机器翻译初步翻译。每个小组在确定翻译任务后，可以使用机器翻译工具实现初步翻译。机器翻译工具可以帮助学生快速生成翻译结果，但需要注意机器翻译结果的准确性和流畅度。学生可以使用机器翻译结果作为起点，开展后续的修改和改进。

小组讨论和反思。在课堂上，小组成员可以互相展示自己的翻译结果，并讨论和反思。讨论可以涉及翻译中遇到的问题、挑战和解决方案。学生可以分享自己对机器翻译结果的看法和评价，提出改进建议，并就其中的语法、词汇、语气等方面深入讨论。这种小组讨论的形式可以激发学生的思维和判断能力，促进对机器翻译的理解和应用。

合作项目展示。小组合作项目的最终目标是将翻译任务完成到最佳。在课堂上，每个小组可以展示项目，展示在翻译任务中的合作成果和学习经验。展示可以包括口头演讲、幻灯片展示、翻译样本展示等形式。学生可以介绍他们在翻译过程中遇到的困惑和挑战，以及通过合作和讨论解决问题的经验。教师可以提供反馈和评价，并引导学生进一步思考和讨论展示结果。

通过小组讨论和合作项目，学生不仅可以应用机器翻译技术，还能锻炼团队合作和解决问题的能力。他们可以共同面对翻译任务中的挑战，相互协作并形成创造性的解决方案。教师在其中起到引导和指导的作用，帮助学生充分发挥团队的潜力和实现学习目标。同时，小组讨论和合作项目也为学生提供了展示自己的机会，增强了他们的自信心和表达能力。

2. 模拟翻译场景

教师可以设计一些模拟翻译场景，要求学生翻译给定的材料。学生可以使用机器翻译工具作为辅助工具翻译并与其他学生对比和讨论。这样的活动可以帮助学生更好地理解机器翻译的应用和限制，同时培养他们的翻译技能和跨文化交际能力。

（1）商务会议翻译

教师可以模拟商务会议的场景，提供相关的会议材料和演讲稿。学生可以扮演翻译员的角色，使用机器翻译工具辅助实时翻译。在翻译过程中，学生需要快速准确地理解并转化演讲内容，同时注意语言的准确性和流畅度。通过模拟商务会议翻译，学生可以锻炼自己的口译能力，同时理解机器翻译在实时场景中的应用和限制。

（2）旅游导览翻译

教师可以设计旅游导览的场景，要求学生将景点介绍、导览词和旅游指南等材料翻译成目标语言。学生需要考虑目标语言读者的文化背景和需求，选择恰当的翻译策略和表达方式。他们可以使用机器翻译工具辅助翻译，并通过小组讨论和互动改进和优化翻译结果。这样的模拟翻译场景可以帮助学生锻炼旅游翻译技能和跨文化交际能力。

（3）跨文化对话翻译

教师可以设计跨文化对话的场景，要求学生翻译对话内容。对话可以涉及不同国家、不同文化背景的人之间的交流。学生需要根据对话的语境和参与者的身份，准确地传达并解释对话中的意思和文化内涵。他们可以使用机器翻译工具翻译，并与其他学生一起角色扮演和对话练习，以增强对跨文化交际的理解和应用能力。通过模拟跨文化对话翻译，学生可以提升语言表达能力、文化意识和跨文化交际技巧。

（三）教师的指导和反馈

在 SPOC 教学模式中，教师扮演着指导师和评估者的角色，为学生提供指导和反馈。

1. 实时在线指导

教师可以通过在线讨论板块或视频会议工具，与学生实时交流和指导。学生可以提出问题、分享困惑，教师可以及时回答并给予指导。这种实时的互动有助于解释学生的疑惑，提供更具针对性的指导。

提供即时的问题解答。学生在翻译过程中可能会遇到各种问题和困惑。通过实时在线指导，教师可以及时回答学生的问题，解决他们的困惑。学生可以在课堂上通过在线讨论板块或视频会议工具向教师提问，教师则可以通过文字或口头形式给予回答和解释。这种即时的问题解答有助于学生更好地理解翻译任务的要求和难点，从而提高翻译质量。

给予实时的翻译指导。教师可以在实时在线指导中点评和指导学生的翻译。学生可以在课堂上展示自己的翻译结果，教师则可以及时给予反馈和评价。通过文字或口头形式，教师可以指出学生翻译中存在的问题、不准确的表达或不恰当的语言用法，并提供具体的改进建议。这种实时的翻译指导有助于学生及时纠正错误，改善翻译质量，同时增强翻译技能和意识。

促进学生实时的互动。实时在线指导不仅是教师与学生之间的交流，也可以促进学生之间的互动和合作。通过在线讨论板块或视频会议工具，学生可以相互分享自己的翻译成果，并就其中的问题和挑战展开讨论。他们可以提出观点、互相提供反馈和建议，共同探讨翻译的优势和局限。这种实时的学生互动有助于培养学生的批判性思维和团队合作能力，同时促进对机器翻译的深入理解和应用。

2. 个性化反馈

教师可以针对学生的作业和实践活动，提供个性化的反馈和评价。通过评价学生的机器翻译结果和相关作业，教师可以帮助学生发现问题、改正错误，并给予针对性的建议和指导。这种个性化的反馈可以提高学生的学习效果和自我认知。

分析机器翻译结果的准确性和流畅度。教师可以针对学生的机器翻译结果开展准确性和流畅度的分析。对准确性，教师可以指出其中的翻译错误、歧义或不准确的表达，帮助学生理解正确的翻译方式和表达习惯；对流畅度，教师可以关注句子结构、语法连贯性和语言风格的问题，提供相应的修改建议和指导。通过对机器翻译结果的准确性和流畅度的分析，教师可以帮助学生改进翻译质量，增强语言表达能力。

评估文化传达的准确性和适应性。在跨文化交际能力培养视域下的翻译教学中，文化传达的准确性和适应性至关重要。教师可以评估学生的翻译结果在跨文化背景下的表达是否准确合适。教师可以关注学生对文化差异的理解和应用，指出其中可能存在的文化偏差或不当的表达方式，并提供相关的文化背景知识和实例，以帮助学生更好地理解并修正翻译中的文化问题。

强调语言风格和专业术语的正确使用。在不同领域的翻译中，语言风格和专业术语的正确使用至关重要。教师可以以语言风格和专业术语评估学生的翻译结果，并提供相应的反馈和指导。教师可以指出学生在语言风格上可能存在的问题，如正式与非正式语言的使用、口语与书面语的转换等。同时，对专业术语的使用，教师可以指出其中可能存在的错误或不准确的用法，并提供相关的词汇资源和解释，以帮助学生在翻译中运用正确的专业术语。

3. 学习成果展示

在线下课堂中，教师可以组织学生展示使用机器翻译工具完成的翻译任务或项目成果。学生可以分享自己的体验、思考和改进措施，并接受教师和同学的评价和讨论。这样的学习成果展示可以激发学生的学习兴趣和自信心，促进彼此之间的学习互动和交流。

学生展示翻译成果。教师可以安排学生在课堂上展示自己使用机器翻译工具完成的翻译任务或项目成果。学生可以展示自己的翻译结果，并介绍自己在使用机器翻译工具时的体验和方法。学生的展示可以包括翻译的文本内容、翻译思路和策略等。这样的学习成果展示可以让学生有机会展示自己的翻译能力和创造力，激发自己的自信心。

学生分享经验和思考。学生展示翻译成果的同时，教师可以鼓励他们分享在使用机器翻译工具过程中的经验和思考。学生可以谈论自己遇到的挑战、解决问题的方法和改进措施；可以分享自己对机器翻译工具的认识和使用体验，以及对机器翻译在实际翻译中的应用和限制的思考。这样的分享可以促进学生之间的交流和学习互动，帮助他们从彼此的经验中汲取智慧，共同提高翻译能力。

教师和同学的评价和讨论。在学生展示和分享之后，教师可以给予评价和反馈，并鼓励其他同学对展示的成果提出问题和意见。教师可以评价学生的翻译成果，指出其中的优点和改进之处。同时，教师也可以引导其他同学就展示的内容提问和讨论，激发更多的思考和交流。这样的评价和讨论有助于学生反思和改进自己的翻译能力，同时也促进在团体中的学习互动。

　　培养学生的学习兴趣和自信心。学习成果展示可以为学生提供一个展示自己翻译能力的舞台，增加自信心和学习兴趣。通过展示自己的翻译成果，学生可以得到同学和教师的认可和鼓励，从而增强对自己能力的信心。同时，学生也可以通过观摩其他同学的展示，了解不同的翻译方法和策略，激发自己的学习兴趣和好奇心。这样的学习成果展示活动可以打破传统课堂中教师主导的模式，让学生成为学习的主体，积极参与和作出贡献。

　　通过 SPOC 支持的线上线下混合式翻转课堂教学，学生可以在自主学习的基础上，通过面对面的互动和指导，深入理解机器翻译的理论和实践。教师的指导和反馈为学生提供了及时的支持和引导，帮助他们掌握机器翻译的技巧和应用能力，并培养跨文化交际能力。这种教学模式促进了学生的主动学习和批判性思维，为他们在跨文化交际中应用机器翻译提供了更加全面和更加深入的培养。

参考文献

[1] 周望月. 提升英语专业翻译能力的实践教学改革[J]. 绍兴文理学院学报, 2018（10）：86-93.

[2] 李稳敏, 席丽红. 基于课程设置的MTI人才培养路径研究[J]. 赤峰学院学报, 2019（4）：148-150.

[3] 祝东江, 陈梅. 创新教学模式, 提高翻译实践能力[J]. 湖北经济学院学报, 2017（6）：145-148.

[4] 李静. 地方高校翻译专业学生实践能力培养研究[J]. 开封教育学院学报, 2015（6）：80-81.

[5] 赵晓红. 基于大学生翻译实践能力培养的翻译教学实践探索[J]. 宁夏师范学院学报, 2014（8）：127-139.

[6] 吴美群. 教育供给侧改革下的MTI人才培养模式探索——以长沙学院为例[J]. 重庆文理学院学报, 2019（2）：134-139.

[7] 朱江华. 西部民族地区教师跨文化素养发展的百年赓续：政策推进和语境嬗变[J]. 重庆第二师范学院学报, 2021, 34（5）：98-103, 128.

[8] 钟雨彤, 卢丽华. 小学语文教师优秀传统文化素养状况及提升策略——基于D市128名小学语文教师的实证研究[J]. 辽宁教育行政学院学报, 2020, 37（5）：72-76.

[9] 余文好. 思想政治理论课教师的文化素养构成——以《思想道德修养与法律基础》课程为例[J]. 西南石油大学学报：社会科学版, 2019, 21（5）：85-90.

[10] 廖珂, 罗朝猛. 搭建国际交流平台提升学生跨文化素养——中山大学附属中学教育国际交流的经验[J]. 世界教育信息, 2016, 29（8）：48-50.

[11] 张武俊, 辜海燕. 语文教师传统文化素养提升策略研究[C]//"十三五"规划科研成果汇编（第四卷）. "十三五"规划科研管理办公室, 2018：736-740.

[12] 王丽君. 提升语文教师中华传统文化素养的对策研究[C]//《教师教学能力发展研究》科研成果集（第十五卷）. 《教师教学能力发展研究》总课题组, 2018：536-540.

[13] 袁岱玲. 浅谈思想品德教师如何提高中华传统文化素养[C]//2017年区域优质教育资源的整合研究研讨会成果集. 教育部基础教育课程改革研究中心, 2017：855-856.

[14] 万三明. 教育供给多样化背景下高中生国际化高等教育需求分析[D]. 南昌：南昌航空大学, 2019.

[15] [法]蒂埃里·波贝. 机器翻译[M]. 连晓峰, 等译. 北京：机械工业出版社, 2019.

[16] 王华树，刘世界. 人工智能时代翻译技术转向研究[J]. 外语教学，2021（5）：87-92.

[17] 于雪，王前. 机体哲学视野中的人际关系[M]. 北京：科学出版社，2022.

[18] 蓝红军. 关于翻译技术伦理性的思考[J]. 上海翻译，2019（4）：8-13，94.

[19] 杨艳霞，魏向清. 基于认知范畴观的机器翻译译后编辑能力解构与培养研究[J]. 外语教学，2023，44（1）：90-96.

[20] 范梦栩，安东尼·皮姆. 机器翻译面面观——皮姆教授访谈录[J]. 山东外语教学，2021，42（3）：3-12.

[21] 杨镇源. 人本主义前提下人工智能翻译的价值论原则[J]. 中国科技翻译，2021，34（1）：35-37，25.

[22] 闫坤如. 数据主义的哲学反思[J]. 马克思主义与现实，2021（4）：188-193.

[23] 尤瓦尔·赫拉利. 未来简史：从智人到智神[M]. 林俊宏，译. 北京：中信出版社，2017.

[24] 王华树，王鑫. 人工智能时代的翻译技术研究：应用场景、现存问题与趋势展望[J]. 外国语文，2021，37（1）：9-17.

[25] 李伦，黄关. 数据主义与人本主义数据伦理[J]. 伦理学研究. 2019（2）：102-107.

[26] 任文. 机器翻译伦理的挑战与导向[J]. 上海翻译，2019（5）：46-52，95.

[27] 崔国斌. 著作权法：原理与案例[M]. 北京：北京大学出版社，2014.

[28] 范武邱，王昱. 译者与文本的灵性互动——机器翻译尚待突破的瓶颈[J]. 外语教学理论与实践（FLLTP），2022（3）：128-137.

[29] 王国柱. 人工智能生成物可版权性判定中的人本逻辑[J]. 华东师范大学学报（哲学社会科学版），2023，55（1）：133-142，205.

[30] 裘安曼译. 美国版权法[M]. 北京：商务印书馆，2020.

[31] 陆艳. 区块链技术的众包翻译应用[J]. 中国翻译，2020，41（5）：113-120.

[32] 熊锐. 跨文化交际视角下的商务英语翻译研究[J]. 信阳农林学院学报，2018，28（1）：87-89.

[33] 邱智晶. 跨文化交际视角下的商务英语翻译研究[J]. 当代教研论丛，2018（1）：24.

[34] 徐甜. 跨文化交际视角下的商务英语翻译研究[J]. 海外英语，2017（16）：120-121.

[35] 王娜. 跨文化交际视角下的商务英语翻译研究[J]. 边疆经济与文化，2017（1）：80-81.

[36] 徐晓蕾. 跨文化交际视角下的电子商务英语翻译[J]. 现代交际，2016（16）：71-72.

[37] 陈定. 跨文化交际视角下的商务英语翻译研究[J]. 智库时代，2019（37）：289-

290.

[38] 邱智晶. 跨文化交际视角下的商务英语翻译研究[J]. 当代教研论丛, 2018（1）: 24.

[39] 吕丽盼, 俞理明. 双向文化教学——论外语教学跨文化交际能力培养[J]. 中国外语, 2021（4）: 62-67.

[40] 文静. "互联网+"课堂和"文化自信"背景下跨文化交际能力培养的思考. 才智, 2019（7）: 34.

[41] 胡媛. 外语课堂教学中的跨文化交际能力训练路径研究——论"知行合一"的跨文化课堂教学设计[J]. 教育学术月刊, 2019（2）: 106-113.

[42] 教育部. 全日制普通高级中学英语课程标准（实验稿）[M]. 北京师范大学出版社, 2017.

[43] 郑少平. 核心素养下的初中英语跨文化教学[J]. 科学导报, 2019（4）: 91-95.

[44] 童占玲. 初中英语教学中学生跨文化交际能力的培养[J]. 现代教学, 2020（7）: 74.

[45] 孙静娜. 基于跨文化理解的初中英语阅读教学分析[J]. 中学教学参考, 2020（9）: 44-45.

[46] 叶冬初. 初中英语跨文化教学中存在的问题及对策分析[J]. 校园英语, 2019（13）: 203.

[47] 刘韧峰. 谈初中英语教学跨文化意识的培养[J]. 新课程（中学版）, 2019（5）: 243.

[48] 邵莘. 跨文化交际在高校英语教学中的有效渗透分析[J]. 课程教育研究, 2018（49）: 100-101.

[49] 吴德宇. 跨文化交际在高校英语教学中的有效渗透探讨[J]. 课程教育研究, 2018（44）: 83-84.

[50] 蒋双华. 浅谈跨文化交际在高校英语教学中的有效渗透[J]. 海外英语, 2018（20）: 216-217.

[51] 王湘玲, 沙璐. 基于动态评价理论的翻译技术教学评价模式构建. 外语界, 2021（4）: 58-65.